DOROTHEENHÖFE

JOVIS

DOROTHEENHÖFE

Oswald Mathias Ungers
baut
in Berlin

Herausgegeben von Frank Peter Jäger

JOVIS

ENGLISH SUMMARY

DOROTHEENHÖFE

OSWALD MATHIAS UNGERS AND HIS BERLIN BUILDINGS

Oswald Mathias Ungers is one of Europe's most important contemporary architects. His contribution to the development of the pluralistic and conceptually rich architecture in today's Germany lies in his efforts to promote the revival of a rigorous theory of architecture tied directly to the praxis of building.

Looking back to the architectural traditions of Antiquity, Romanticism, and the Renaissance – which had been abandoned after 1920 by the exponents of the classically modern Neues Bauen – he sought to put the conceptual achievements of previous centuries to use for contemporary purposes. He thus became a model for a whole generation of German architects, such as Hans Kollhoff, who today enjoy international reputations.

Ungers' recourse to ancient and Renaissance styles always occurs in the context of a thoroughly modern architectural language. In this lies his fundamental significance: he does not adapt historical styles unconditionally, or attempt one-to-one formal borrowings, but weds their conceptual essence to a contemporary architectural vocabulary. He connects modern spatial and construction principles to the oldest intellectual concepts in building.

Oswald Mathias Ungers' early works were realized in and around Cologne. Between 1950 and 1962 he designed an estimable twenty-two, mostly residential buildings in the Rheinland. In Berlin, between 1962 and 2002, he produced ten buildings, separated in part by long time-intervals. To these can be added a series of competition-entry projects and urban-development studies, such as that for the southern Friedrichstadt in 1981. In contrast to his earlier works, and projects realized elsewhere, the Berlin works are characterized by an incomparably more intense preoccupation with their urban location, while at the same time each shows the influence of contemporary trends. They are more conceptual, more marked by constructive tensions and contradictions, and by the effort to overcome them. Some buildings display a bold desire to put unusual architectural ideas into practice.

Oswald Mathias Ungers' latest Berlin project is the Dorotheenhöfe in Block 115 of the Friedrichstadt, between Georgenstrasse and Dorotheenstrasse. The ensemble, comprised of four commercial buildings and one residential building, is situated across from the Bahnhof-Friedrichstrasse, just a few paces from Unter den Linden. Built by the Berlin developer Hühne Immobilien on behalf of a project company owned by Vivico Real Estate and the Helaba – Group, this project forms the subject of the present book. The name "Dorotheenhöfe" derives from the traditional designation of the surrounding quarter, the Dorotheenstadt. The latter takes its name from its founder, the Electress Dorothea, wife of the Prussian Elector Friedrich Wilhelm. The new construction of a half city-block in Berlin tested Oswald Mathias Ungers' great skill in urban development. On the one hand, the developer wanted the building complex under the name "Dorotheenhöfe" to form a recognizable unity; on the other hand, each of the five buildings was to attain its own identity.

The guiding principle of the project is thus diversity within a homogeneous basic form. The planning had to take account of both the two older edifices and the likely construction of similarly sized buildings on the other half of Block 115. Thus it was not a question of lifting a single structure "out of the mould" into the city landscape, but of filling in what was already there. To this end, Oswald Mathias Ungers overlaid the site with a planning grid made of square fields, in which preexisting structures were accounted for.

The buildings' outer surfaces consist, with one exception, of smooth artificial stone façades, broken up by symmetrical rows of windows, with set back upper stories and a mildly emphasized base zone. The binding element is limestone. The corner buildings receive a slight emphasis, especially the highly visible building for the Association of the Cigarette Industry with its tower-like form.

In highlighting differences, Ungers confines himself to the details of the façades and their openings. The latter sit partly flush on the surface and partly recessed in their embrasures. The colors of the frames also vary, depending on their location in the façades. With its front made of dark bricks, Haus Bellevue stands out most distinctly from its neighbors. Behind its façade are 25 luxurious residential apartments built to the highest standards. The four largest apartments occupy the building's top two floors, and with up to 300 square meters, each offers the expansiveness of a villa.

As much as Ungers' design of the buildings' visible surfaces is indebted to the traditional urban palace, the interiors reflect the most modern standards of European office buildings. He thus produced commercial spaces and apartments that combine sophisticated architecture with flexibility and longevity.

Oswald Mathias Ungers says about the architectural concept behind the Dorotheenhöfe and about his current building philosophy: "I have represented the traditional urban façade structure with minimalist means. The houses have a base, middle, and roof zone, but only very reserved. The wall surfaces are strongly emphasized in their extension. These have replaced my use of meshed objects or cornices. That is part of one's personal development. When I made very plastic things, I was around 30. Now I'm 77 and am interested in abstraction, in reduction more than addition. For me Sol LeWitt is a model in this regard, with his totally simple objects that have great plasticity. His work can't be called expressive, but functions on a higher level of feeling, more spiritually. This is because of all the possibilities for leaving things out, concentrating only on the essentials."

INHALT

VORWORT

Die Idee für die Dorotheenhöfe entstand Anfang 1998 in einem schwierigen Marktumfeld. Dennoch rechneten wir aufgrund der Lage des Grundstücks unmittelbar im Berliner Regierungsviertel damit, Verbände und Unternehmen, die aufgrund des Umzugs der Bundesregierung nach Berlin einen solchen Standort suchten, für das Projekt gewinnen zu können.

Wir bevorzugten ein Konzept mit mehreren – insgesamt fünf – individuellen Gebäuden, um solchen Unternehmen die Möglichkeit zum Erwerb einzelner Häuser zu geben.

Mit Professor Oswald Mathias Ungers und seinem Berliner Büro unter Leitung von Professor Karl-Heinz Winkens konnten wir die bestmöglichen Architekten für die Dorotheenhöfe gewinnen. Die zeitlos elegante Architektur von Oswald Mathias Ungers hat diesem damals noch weitgehend unentwickelten Quartier der Dorotheenstadt einen qualitativen und städtebaulichen Maßstab gegeben.

Bereits vor der Grundsteinlegung konnten wir die vier Bürogebäude der Dorotheenhöfe verkaufen – an den Verband der Cigarettenindustrie, den Verband deutscher Hypothekenbanken, die Württembergische Lebensversicherung und die Stuttgarter Lebensversicherung. Bei der erfolgreichen Vermarktung des Projekts hat die Architektur eine bedeutende Rolle gespielt.

Ich möchte mich herzlich bei den vielen Projektbeteiligten bedanken, die den Erfolg der Dorotheenhöfe durch ihr Vertrauen, ihr Engagement und ihre Kreativität ermöglicht haben.

Matthias Hühne
Geschäftsführer, Hühne Immobilien GmbH

FUCHS UND IGEL

Das Leben des Samuel Johnson, das uns in einer umfangreichen Biographie von James Boswell überliefert wurde, ist das eines Schriftstellers und Lexikographen Großbritanniens. Darin wird uns der Charakter eines Mannes beschrieben, der mit Büchern umzugehen wusste, der sehr eloquent war und unter Seinesgleichen immer das letzte Wort hatte. Er war eben ein großer und anerkannter Enzyklopädist.
In den sechziger Jahren war Oswald Mathias Ungers, der in jungen Jahren an die Architekturfakultät der TU Berlin berufen worden war, der Architekt, der immer das letzte Wort hatte; eben weil auch er als großer Enzyklopädist respektiert und anerkannt war. Er hatte eben auf alle Fragen der Architektur – sowohl in Theorie als auch in Praxis – eine Antwort. Hier in Berlin wurde die Stadt zu seinem Laboratorium. Er griff alle nur denkbaren Themen auf, die von seinen Studenten frisch und intellektuell ja geradezu unbekümmert aufgenommen wurden. Es entstanden großartige Hefte von Studienarbeiten, die sich heute – obschon in einer einfachen Kopierwerkstatt hergestellt – großer Beliebtheit erfreuen und leider nur gelegentlich in einem Antiquariat angeboten werden.

OMU, wie er schon bald nur noch hieß, hinterließ in Berlin die ersten gebauten Spuren im Märkischen Viertel: ein Baukastenprinzip von geometrischer Ausgeklügeltheit. Neben diesem realisierten Projekt war es vor allem sein „Bildprojekt“ für den Museumswettbewerb im Kulturforum, welcher emblematisch war für seine damaligen Ansprüche und die Vielfältigkeit seiner architektonischen Aussage. Tatsächlich gibt es seitdem keine Stadt, die ihn so sehr zum Experiment und später zum Imperativ herausfordern sollte.

Als Mies van der Rohe in den dreißiger Jahren die Alte Welt gegen die Neue Welt eintauschte, hat er die vielen Fragen, mit denen er dort konfrontiert wurde, möglichst mit einer Antwort zu befriedigen versucht. Bei Mathias Ungers war dies eher umgekehrt. Sein Laboratorium (Berlin) hat er zwar verlassen, um an der Cornell University zu unterrichten, aber seinen Laborkoffer hatte er mitgenommen. Als er 1979 aus der Neuen Welt in die Alte zurückkehrte, hat er die vielen Fragen, mit denen er hier und vor allem in Berlin konfrontiert wurde, ebenfalls mit einer Antwort zu befriedigen versucht.

Rückblickend denke ich, dass bei Mies wie auch bei Ungers sowohl eine berufliche Katharsis wie die Lebensweisheit zu jenen souveränen Antworten auf die theoretischen wie künstlerischen Aspekte der Architektur geführt haben.

Vielleicht haben Mathias Ungers und Colin Rowe sich in Cornell über den großen Philosophen Isaiah Berlin unterhalten, der – ohne dass ich mich an das genaue Zitat erinnere – vom Fuchs gesprochen hat, der viele Dinge weiß, und vom Igel, der eine große Sache weiß. Warum sollte man nicht spätestens im Alter von 77 Jahren – welch eine schöne Zahl – das Recht haben, von einer großen Sache überzeugt zu sein. Mathias hat sich deshalb aber von seinem Imperativ nicht die Toleranz nehmen lassen.

In einem schönen Text über das Nebeneinander von Hans Scharouns Philharmonie und Mies van der Rohes Neuer Nationalgalerie im Kulturforum war es der Begriff der „coincidentia oppositorum“, welcher ihm die Existenz dieser Gegensätzlichkeit an einem Ort zu akzeptieren erlaubte. Für seine frühen Werke könnte er das „c. o.“ ebenfalls in Anspruch nehmen.

Seit einigen Jahren hat er also schon den einen wahren Ton entdeckt, der seine Architektur bestimmt. Und wir alle, die ihn lieben und schätzen, lauschen gespannt, wie er diesem Ton sogar die ein oder andere Melodie zu entlocken vermag.

Josef Paul Kleihues

DIE BÜHNE DER STADT

Politiker treten vor die Mikrophone und Kameras, Diplomaten konferieren, in den Hotels steigt Prominenz ab, Unternehmen richten hier ihr Hauptstadtschaufenster ein. Wenn etwas die Friedrichstadt bestimmt, dann das Präsentieren und Repräsentieren – sie ist die Bühne der Hauptstadt. Und am Abend füllt ein vergnügungshungriges Publikum die Straßen, um etwas zu erleben.

Die Friedrichstadt war die barocke Stadterweiterung des mittelalterlichen Berlin. Die Dorotheenstadt als ihr ältester Teil begrenzt sie nach Norden. Sie reicht von den „Linden" bis zum Spreeufer und von der Humboldt-Universität im Osten bis zum Reichstag im Westen. Ab 1674 wurde sie außerhalb des Befestigungsrings angelegt. Die Gegend bildete lange Zeit den Stadtrand des barocken Berlin, weshalb die Dorotheenstraße bis ins 19. Jahrhundert „Letzte Straße" hieß.
Zunächst Wohnviertel und Standort der Universität, entwickelte sich das Quartier im 19. Jahrhundert zum Banken- und Geschäftsviertel. Die boomartige Entwicklung des Geschäftslebens wurde vor allem von der Eröffnung der quer durch Berlin gebauten Stadtbahn im Jahre 1882 begünstigt. Seit jenem Jahr ist die Friedrichstraße durch einen eigenen Bahnhof mit der übrigen Stadt und dem Umland verbunden. Abermillionen von Ziegeln wurden für die Bögen der elf Kilometer langen Viaduktstrecke verbaut.
Im Zwei-Minuten-Abstand rollen die Fern- und S-Bahnzüge seitdem über die vier Gleise. Später kamen die unterirdische Nord-Süd-S-Bahn sowie eine U-Bahn hinzu und machten die Friedrichstraße zum besterreichbaren Ort im Berliner Verkehrsnetz. Es gibt keinen günstigeren Ausgangspunkt, um sich auf den Weg durch die Geschichte dieses Stadtteils zu machen, der sich nach der Maueröffnung die Rolle des gesamtstädtischen Zentrums Stück für Stück zurückeroberte.
Der direkteste Zugang zur Friedrichstraße liegt unter der Stadtbahnbrücke. Die Brücke über die Friedrichstraße ist seit jeher ein beliebtes Fotomotiv, und der Anblick des geschäftigen Gewühls in der Straßenschlucht wurde zum Symbol für den populären Mythos von der glitzernden, betriebsamen Metropole der „goldenen" zwanziger Jahre. Dieser Mythos ist untrennbar verbunden mit den Varietés und Revuetheatern der Zeit: Das vornehmste von allen war unbestritten der Wintergarten. Es befand sich im Hotel Continental an der Ecke Friedrich- und Georgenstraße – also in dem Block, auf dessen westlicher Hälfte sich heute die Dorotheenhöfe befinden.
Schon 1910 war das Haus weithin bekannt. „Die Clowns nannten sich hier ‚Excentriks' und zeigten von ihren alten Spielen nur die Höhepunkte, in denen sich Musik, Akrobatik und Komik mischten", schreibt der Schriftsteller Walther Kiaulehn. Der Tänzerinnen-Star des Wintergartens war die Australierin Saharet. Aber auch die Tänzerin Mata Hari, die später als Spionin berühmt wurde, mehrte

Aufnahme des Reichstagufers und der Georgenstraße aus dem Jahre 1905, vom gegenüberliegenden Spreeufer gesehen. Der Schlütersteg im Vordergrund wurde – wie auch die ursprüngliche Bebauung des Blocks 115 – im Zweiten Weltkrieg zerstört.

den Ruhm des Hauses. „Die Gesänge der großen Diseusen, die Todesverachtung der fliegenden Trapezmenschen, die Schönheitstänzerinnen aus Paris, dies alles klang im ‚Wintergarten' zu einer wunderbaren Stimmung zusammen."[2] Eine Legende sind nicht nur die Künstler des Hauses, sondern auch sein nach dem Verlöschen der Saalbeleuchtung leuchtender Sternenhimmel – bestehend aus hunderten kleiner, in die Decke eingelassener Glühbirnen.

An Stelle des Continental-Hotels steht seit 2002 der Geschäftshauskomplex Friedrich-Carré. Keine Spur mehr vom Wintergarten und seinen Attraktionen, Hotel und Varieté wurden im Krieg beschädigt und später abgerissen.

Gegenüber dem Friedrich-Carré erhebt sich das Internationale Handelszentrum. Heute um einen Neubau erweitert, war es in der DDR-Zeit Sitz zahlreicher ausländischer Handelsagenturen. 1976 bis 78 von japanischen Ingenieuren errichtet, ist das Haus mit der dunklen, von einem breiten weißen Korpus gerahmten Glasfront das nahezu einzige Beispiel des International Style in der DDR. Zwischen Bahnviadukt und Handelszentrum führt die Georgenstraße in Richtung Osten. Vorbei an den Stadtbahnbögen mit ihren Kneipen und Trödelläden gelangt man zur Charlottenstraße, an der die ausgedehnten Gebäudekomplexe der Humboldt-Universität beginnen. Die stille Straße verläuft mit verschlossenen Fassaden parallel zur Friedrichstraße und scheint nichts zu wissen von der Betriebsamkeit ringsum. An der Kreuzung zur Dorotheenstraße erblickt man die etwas düstere Rückfront der Staatsbibliothek Preußischer Kulturbesitz. In dem Gebäude verbirgt sich einer der bedeutendsten Bücherschätze des Kontinents: 10 Millionen Bücher, 4.400 mittelalterliche Inkunabeln und 40.000 orientalische Handschriften. Allein das Notenarchiv, wo sich unter anderem Autographe, also handschriftliche Noten Johann Sebastian Bachs befinden, umfasst 450.000 Drucke. Hinzu kommt ein Bildarchiv mit 13,5 Millionen Motiven und zahlreiche Künstler-Nachlässe.

Man kann sich keine passendere Einstimmung für den Eintritt in dieses Refugium des Geistes vorstellen als den malerischen, von Efeu und wildem Wein bewachsenen Innenhof, durch den man das Haus von den „Linden" her betritt. Die Staatsbibliothek wird bis zum Jahre 2006 mit großem Aufwand saniert, dabei soll auch die im Krieg zerstörte Kuppel des großartigen, achteckigen Lesesaals wiedererstehen.

Der gleiche Blickwinkel knapp 100 Jahre später: Die Dorotheenhöfe reichen bis nahe ans Spreeufer. Auf dem dreieckigen Platz zwischen Georgenstraße und Bahnhof Friedrichstraße entsteht wieder ein Park.

Die Straße Unter den Linden war und ist *der* Boulevard Berlins; keine andere Straße der Stadt kann sich mit ihrer architektonischen Festlichkeit messen. Die „Linden" verbinden den Lustgarten samt Altem Museum mit dem Brandenburger Tor und zugleich die Berliner Gegenwart mit der kulturelle Blüte Preußens an der Schwelle zum Klassizismus.

Damals, um 1800, bestand die Allee aus Linden, Kastanien und Nussbäumen in sechs Reihen. Die Berliner Gesellschaft zeigte sich gerne auf den „Linden", die jungen Offiziere in Galauniformen, auf dem Kopf ein Dreispitz mit Federbusch; die Bürger gingen im Zylinder, die Damen führten zierliche Sonnenschirme mit sich. Bis tief in die Nacht war die Straße erfüllt von plaudernden Grüppchen, was fremde Besucher erstaunte, weil es gar nicht in das Bild preußischer Nüchternheit passte. Allerdings verursachte an trockenen Sommertagen der kleinste Windstoß große Staubwolken, die das Vergnügen am Promenieren vernebelten und die Lindenblätter mit einer grauen Staubschicht bedeckten. Heute sind es die Abgaswolken einiger zehntausend Fahrzeuge am Tag, die den Bummel beeinträchtigen – die „Linden" sind zur Autopiste geworden.

Den Mittelpunkt der Friedrichstadt bildet seit friderizianischer Zeit die Kreuzung der „Linden" mit der Friedrichstraße. Hier befand sich seit 1825 das Kranzler-Eck, lange bevor die berühmte Dependance am Kurfürstendamm eröffnete. Inhaber war der aus Österreich stammende Zuckerbäcker Johann Georg Kranzler. Er bot den Berlinern etwas, was in der von Verwaltungsbeamten, Militär und Kasernen geprägten Residenzstadt bis dahin rar war: einen Ort der Gesellschaft, der vielfältige Genüsse bot und das gehobene Bürgertum wie auch die Militärs anzog. 1846 spottete der Schriftsteller Friedrich Saß über die Genussfreude der schneidigen Uniformierten: „Diese Konditorei ist die Walhalla der Berliner Gardeleutnants geworden, wo sie, nachdem sie rechts und links kommandiert haben, zur Belohnung für ihre Tapferkeit Eis und Baiser essen dürfen."[3]

Weiter in Richtung Brandenburger Tor sind die „Linden" von Geschäftshäusern des ausgehenden 19. und des 20. Jahrhunderts bestimmt. Erst spät, in wilhelminischer Zeit, hatte sich die Straße von der bloßen Promeniermeile zur Geschäftsstraße entwickelt.

Auf dem Grundstück Unter den Linden 36/38 befindet sich der Zollernhof, ein Geschäftshaus aus dem Jahre 1911. In den DDR-Jahren war hier die Zentrale der Freien Deutschen Jugend (FDJ), Mitte der neunziger Jahre wurde das Haus auf-

Links: Die Friedrichstraße und der Bahnhof Friedrichstraße auf einer Postkarte aus den dreißiger Jahren. Rechts: Christian Daniel Rauchs Denkmal Friedrichs des Großen aus dem Jahre 1851, Ansicht um 1935.

wändig renoviert. Neue Eigentümer sind der Energieversorger VEBA sowie das Zweite Deutsche Fernsehen, das hier sein Hauptstadtstudio eingerichtet hat. Es ist das neben dem Mainzer Haupthaus größte Funkhaus des Senders, 300 Redakteure und Techniker arbeiten hier. Der Blickfang des weiten Lichthofs ist eine Plastik des Bildhauers Bernhard Heiliger. Gleich rechts neben dem Eingang befindet sich, vom Hof nur durch einen Korridor getrennt, das größte Studio des Hauses. Von hier wird zum Beispiel das „Morgenmagazin" gesendet. Die übrigen Studios befinden sich unter der Erde: Es gibt vier Untergeschosse, die wegen des hohen Grundwasserspiegels eine aufwändige Wannenkonstruktion mit einer über einen Meter dicken Betonsohle erforderten. Diese liegt so tief im Grund des Urstromtals, dass man bei den Ausschachtungen auf einen Braunkohleflöz stieß. Allein für die Erfordernisse der Fernsehtechnik waren Baukosten von 20 Millionen Euro nötig; die Gesamtkosten betrugen 150 Millionen Euro.[4]

Nur ein paar Meter weiter steht ein Abgeordnetenhaus des Bundestags – eines von insgesamt drei. Es besetzt den Block zwischen Neustädtischer Kirchstraße und Schadowstraße. An diesem Punkt geht das Geschäftsviertel Friedrichstadt nahtlos in den von der Politik bestimmten Teil der Friedrichstadt über.

Die Abgeordneten blicken aus ihren Büros auf ein prominentes Gegenüber: Die Botschaft der russischen Föderation. An dieser Stelle richtete Zar Nikolaus I. 1837 die erste feste Vertretung Russlands in Preußen ein. An Stelle des im Krieg zerstörten Palais errichtete die Sowjetregierung von 1949 bis 1952 das heutige Gebäude. Es wurde die größte und am verschwenderischsten ausgestattete Botschaft Berlins: Alleine die Fassade des dreiflügligen, an barocker Schlossbaukunst orientierten Botschaftspalasts nimmt 80 Meter ein. Dahinter befinden sich üppig dimensionierte Salons und Festsäle, mit bombastischen Kronleuchtern und viel Stuck. So festlich, wie er sich nach

An den „Linden" kann man en passant architektonische Proportionsstudien betreiben: im Vordergrund rechts das Zeughaus von Grünberg und Schlüter, daneben die Humboldt-Universität von Knobelsdorff, im Hintergrund die Staatsbibliothek Preußischer Kulturbesitz von Ernst von Ihne.

innen gibt, so sehr signalisiert der Bau nach außen Macht und Distanz. Statt dem Strom der auf den breiten Gehwegen zum Pariser Platz strebenden Passanten zu folgen, lohnt es sich, vis-a-vis der Botschaft in die Schadowstraße einzubiegen.
Das Schadowhaus, einziger Altbau der Straße, ist eines der wenigen klassizistischen Wohnhäuser, die in der Berliner Mitte unbeschädigt durch den Zweiten Weltkrieg kamen. Der Bildhauer Johann Gottfried Schadow, Schöpfer der Quadriga auf dem Brandenburger Tor, ließ es 1805 erbauen und lebte hier bis zu seinem Tod im Jahre 1850 mit seiner Familie. Die in die Fassade eingelassenen Stuckreliefs aus der Werkstatt Schadows stellen allegorische Szenen aus der Geschichte der Kunst dar. In die Mitte der Fassade ist ein Porträtmedaillon eingelassen, das einen etwas skeptisch dreinblickenden Schadow zeigt.

Links: Blick auf das Brandenburger Tor, Zeichnung von F.A. Borchel, 1835. Rechts: An der Gartenseite der Humboldt-Universität lässt es sich aushalten. Im Sommer zieht es die Studenten aus der Mensa ins Freie.

Der Fassadenschmuck, der am Schadowhaus die Zeit überdauert hat, ist am alten Postscheckamt, auf dessen Portal die Straße zuläuft, schon verloren: Im Jahre 1886 als Markthalle errichtet, zeigte das Portal des später zum Postscheckamt umgebauten Gebäudes eine feingliedrige, von Terrakotta-Formsteinen strukturierte Klinkerfassade. Dieser Schmuck ist Anfang der fünfziger Jahre abgeschlagen und durch eine glatte Putzfassade ersetzt worden. Entgegen der denkmalpflegerischen Maxime, von Rekonstruktionen abzusehen, entschlossen sich die Architekten des Düsseldorfer Büros KSP Engel und Zimmermann, die Fassade wiederherzustellen – nicht zuletzt, da die ursprüngliche Gestalt unter dem Putz noch gut abzulesen war. Aus alten Musterbüchern der Hersteller solcher Terrakotten rekonstruierte man die ursprüngliche Gestalt. Die Formsteine ließen die Architekten in einer auf historische Klinker spezialisierten Ziegelei in Glindow nachfertigen. Heute befindet sich in dem Haus, wie auch in den Nachbargebäuden, das Presse- und Informationsamt der Bundesregierung.

Folgt man der Dorotheenstraße in Richtung Reichstag, zweigt nach fünfzig Schritten ein schmales Sträßchen ab, die Bunsenstraße. Wie der Name ahnen lässt, gelangt man hier auf die Pfade der an Meriten reichen Wissenschaftsgeschichte Berlins. Die Gebäude mit den für preußische Zweckbauten typischen gelben Klinkern entstanden 1878 für die aufstrebende Humboldt-Universität, die dort ihr Physiologisches Institut sowie die Institute für Physik und Chemie einrichtete. Max Planck erläuterte hier am 14. Dezember 1900 die Quantentheorie. Diese war die Basis für Albert Einsteins 1916 formulierte Allgemeine Relativitätstheorie, aus der sich schließlich die Atomphysik entwickelte. An der Stelle des im Krieg zerstörten physikalischen Instituts errichtete das Erste Deutsche Fernsehen seine Berliner Studios. Neben dem Gebäude überquert die Marschallbrücke die Spree, deren weiten Bogen man hier nach beiden Richtungen ideal überblicken kann. Auf der anderen Straßenseite erstreckt sich zu beiden Seiten der Dorotheenstraße das aus fünf miteinander verbundenen Einzelgebäuden bestehende Jakob-Kaiser-Haus, das größte der drei Abgeordnetenbürohäuser. In acht Etagen dicht an dicht übereinander gestapelt, enthält es mehr als 100 Abgeordnetenbüros und zahlreiche Sitzungssäle.

Die Cafés, die ihre Stühle auf dem Gehweg des Reichstagufers aufgebaut haben, sind gegen Mittag von Bundesangestellten, Fernsehjournalisten und vereinzelten Touristen bevölkert. Der Blick auf das andere Ufer hat an dieser Stelle allerdings wenig zu bieten: Man blickt auf einen Plattenbau. Die ursprüngliche malerische Bebauung des Schiffbauerdamms ging im Krieg verloren oder wurde zum Teil schon Ende der dreißiger Jahren abgerissen, um Albert Speers großer „Halle des Volkes" Platz zu machen.

Wendet man sich in Richtung Osten, bleibt der Blick am turmartigen Eckgebäude der Dorotheenhöfe hängen, und am Bahnhof Friedrichstraße, dessen Halle in schrägem Winkel dicht über dem Spreeufer thront. Die Bahnsteige reichen bis auf die Mitte des Flusses. Dieser ist fast immer dicht befahren von Ausflugsbooten; in etwas größeren Abständen tauchen zwischen den weißen Dampfern Schubverbände mit Sand oder Koks auf, die das an diesem Abschnitt schmale Flussbett beinahe ausfüllen.

Spaziert man am Kai entlang, so steht man nach zwei, drei Minuten unter der Brücke der Stadtbahn. Von oben tönen die Bahnsteigansagen durch das hoch aufgewölbte Stahlgebälk. In den Bogen der Bahnbrücke ist eine Brücke für Fußgänger eingefügt worden.

Der Steg ist eine willkommene Abkürzung zu den nahen Theatern, dem Deutschen Theater und dem Berliner Ensemble. Hinter der Brücke hat das Ufer dann wieder ein Gesicht, es ist von stattlichen Wohnhäusern gesäumt, im Parterre reihen sich Restaurants und Kneipen aneinander. Als das Theater am Schiffbauerdamm 1954 zur Spielstätte des 1949 von Bertolt Brecht gegründeten Berliner En-

Vor dem Portal der Humboldt-Universität betreiben Buchhändler ihre Stände.

sembles wurde, bestand das Haus schon über sechzig Jahre. Legendär sind die frühen Inszenierungen Brecht'scher Stücke. Der Karren, mit dem Helene Weigel in der Rolle der „Mutter Courage“ als Marketenderin übers Land zog – die schon 1903 eingebaute Drehbühne machte solches möglich – steht heute im Museum. Das Berliner Ensemble wurde zum kulturellen Aushängeschild der DDR und tourte durch die ganze Welt. Allabendlich dreht sich auf dem Dach des Hauses das leuchtende, von einem roten Neonkreis gefasste Emblem des Hauses. Der prunkig-plüschige Zuschauersaal stand immer in eigenartigem Kontrast zu den gesellschaftskritischen Stoffen und der modernen Inszenierungsweise des Berliner Ensembles. Die äußeren Plätze auf den oberen Rängen kosten nur fünf Euro, sicherheitshalber spricht die Kartenverkäuferin jedoch von „Hörspielplätzen“.

So renommiert wie das „BE“ international war, so beliebt war der Friedrichstadtpalast bei den Berlinern. Wie der Wintergarten und das Metropol im Admiralspalast an der Friedrichstraße machte sich auch dieses Haus mit Varieté und Revuen einen Namen. 1865 wurde das Haus als erste öffentliche Markthalle Berlins erbaut. Aber schnell stellte sich heraus, dass es dem überdachten Markt an dieser Stelle an Kundschaft mangelte, daher zog 1873 ein Zirkus in die gusseisernen Kuppelhalle ein – woran der Straßenname „Am Zirkus“ erinnert.

Als der große Mann des Berliner Theaters, Max Reinhardt, das Haus am Ende des ersten Weltkriegs übernahm, ließ er es vom progressiv gesinnten Architekten Hans Poelzig umbauen. Der versah die Kuppel des Zuschauerraums mit zapfenförmigen Stegen, die in zahlreichen Reihen gestaffelt einen skulpturalen Raum formten, für den es in der Architekturgeschichte keine Entsprechung gab. „Tropfsteinhöhle“ nannte das Publikum diese phantastische Raumschöpfung. Auch in der DDR-Zeit war das Haus ein Revuetheater, 1984 wurde es jedoch

Links: Die Quadriga-Plastik auf dem Brandenburger Tor nach Entwürfen des Bildhauers Johann Gottfried Schadow stellt die heimkehrende Siegesgöttin Viktoria dar. Sie wurde 1793 aufgestellt. Rechts: Längs des Reichstags erstreckt sich seit 1999 das „Band des Bundes“, eine städtebauliche Ost-West-Achse, an der sich die neuen Bundesbauten reihen.

abgerissen und durch einen Neubau an der Friedrichstraße ersetzt. Man begründete den Abriss mit statischen Problemen; das Haus stand auf dem weichen Grund zugeschütteter Fischteiche.5

Auf dem dreieckigen Platz vor dem Bahnhof Friedrichstraße steht eine schlichte Halle aus den sechziger Jahren. Es ist der frühere Eingang zur Grenzübergangsstelle: Westliche DDR-Besucher mussten hier zur Pass- und Zollkontrolle anstehen. „Tränenpalast" nannten manche das Gebäude, weil die Besucher aus dem Westen an dieser Stelle der Schwester, dem Freund oder der Geliebten aus dem Ostteil ade sagen mussten, 28 Jahre lang. Ein Gastronom übernahm den Namen und nutzt die Halle nun für Musikveranstaltungen und Entertainment aller Art. Die Grenze war so traurig wie kurios, denn abgesehen von den martialischen Sicherungsanlagen war Berlin-Friedrichstraße der einzige Ort der Welt, wo man mit der S-Bahn in ein anderes Land reisen konnte. Und zugleich die einzige Grenze, die vertikal verlief – in die DDR ging es mit der Rolltreppe und durch verwinkelte Treppenhäuser.

Die Straße hat schon viele feuchte Augen gesehen; oft waren es allerdings auch Freudentränen. Etwa die der begeisterten Besucher des Metropol. Zusammen mit dem Wintergarten nebenan gehörte das Metropol in den zwanziger Jahren zu den beliebtesten Unterhaltungsbühnen der Stadt – mit der Besonderheit, dass hier größeres Gewicht auf verbale Komik und Gesang gelegt wurde.

Im ehemaligen Admiralspalast scheint sich die ganze Widersprüchlichkeit der Geschichte des Viertels wie in einem Brennglas zu bündeln. Als die damals vielbeschäftigten Geschäftshausarchitekten Cremer & Wolffenstein 1910/11 den Admiralspalast errichteten, war die Hauptattraktion des Hofgebäudes eine Eislaufbahn. Außerdem befand sich im Haus eine öffentliche, luxuriös ausgestattete Badeanstalt mit Solbädern. Der Romancier Joseph Roth schrieb 1920 über das Dampfbad (das damals die ganze Nacht geöffnet hatte): „Vor dem Krieg war es der unbedingt erforderliche Abschluß verbummelter Nächte und die neue Menschwerdung des freiwilligen Nachtwandlers. Er spülte das Gestern in den Bassins ab und entstieg den Was-

Für Berlin-Besucher fast ein Muss: Aus der Kuppel des von Norman Foster umgebauten Reichstags genießt man ein hervorragendes Rundum-Panorama auf Berlin-Mitte.

sern des Admiralspalastes, dem Heute geweiht, frisch rasiert, neuen Taten entgegen, in die Morgenluft der Friedrichstraße."[6] 1922 brach mit dem Umbau zum Revuetheater die große Zeit des Admiralspalasts an: Das Theater trug den Namen „Metropol". Hier wurde das Genre der Kabarettrevue entwickelt und in Deutschland die Figur des Conférenciers etabliert, der plaudernd durch das Programm führt. Später hatte man den Einfall, zwei Conférenciers einzusetzen, die sich in wortwitzigen Dialogen die Bälle zuspielten. Die Dichter der Kabarettrevuen waren Kurt Tucholsky und Walter Mehring, die Stars kamen aus Paris und New York. In den ersten Nachkriegsjahren war das Metropol häufig Ort politischer Versammlungen. 1946 inszenierten Politiker aus dem sowjetischen Sektor hier die Vereinigung von SPD und KPD zur SED. Bis 1955 diente das Theater als Ausweichquartier der Staatsoper, deren Haus Unter den Linden ausgebombt war. Erst 1955 stand das Metropol wieder ganz im Zeichen von Revue und Operette. Allerdings gelang es nicht mehr, an den Ruhm der zwanziger Jahre anzuknüpfen, als Rudolf Nelson und Friedrich Holländer das Haus leiteten. Letzterer erlangte durch seine Filmkompositionen internationalen Ruhm, vor allem durch das Chanson, das er für Marlene Dietrichs ersten Film schrieb: „Ich bin von Kopf bis Fuß auf Liebe eingestellt" machte die Hauptdarstellerin des „Blauen Engel" auf einem Schlag zum Star.

Der Film erreicht den Gipfel seiner Popularität mit der Einführung des Tonfilms um 1930. Walther Kiaulehn beschreibt, wie Berlin vom Zirkus zum Film fand, und erzählt damit zugleich die Geschichte des Amusements in der Friedrichstadt: Der Mann der Masse, schreibt er, sei ab 1910 dem Zirkus untreu geworden, „weil er ihm zu schwerfällig und zu eintönig geworden war. Auch war der Film nicht seine

Links: Blick auf Spree und Schiffbauerdamm, Aufnahme um 1935. Mitte: Der ehemalige Friedrichstadtpalast am Schiffbauerdamm Ende der fünfziger Jahre. Rechts: Die Friedrichstraße im Sommer 2003.

erste Untreue. Ihm voraus ging die Liaison des Großstädters mit dem Varieté. Der Film siegte schließlich über Zirkus und Varieté, weil er die tieferen Reize beider Amüsements mit der Unwirklichkeit des Traumes verband."[7] Der Großstädter ist inzwischen auch dem Kino untreu geworden, jedenfalls an der Friedrichstraße: An der ganzen Straße gibt es heute nur noch ein einziges Kino, in den dreißiger Jahren waren es zwei Dutzend.
Die Vergnügungsmeile Friedrichstraße ist deshalb keineswegs passé: Der Friedrichstadtpalast ist fast immer ausverkauft, und wenn das Metropol erst renoviert ist, wollen seine neuen Eigner das Haus mit einem Programm aus Musik und Varieté wieder aufleben lassen. Nichts ist von Dauer an dieser Straße. Wo das eine aufhört, fängt im nächsten Augenblick etwas Neues an. Das Viertel ist alleine in der Veränderung beständig, ist pausenlos in Bewegung – nur die S-Bahn-Züge, die über die Stadtbahnbrücke rollen, bewegen sich in einem noch kürzerem Rhythmus.

1 Einen illustrierten Überblick zur Geschichte der Friedrichstadt gibt u.a. das Buch Die Friedrichstraße von Peter Mugay, Berlin 1991. Die bauhistorischen Einzelheiten wurden weitgehend dem Buch Die Bau- und Kunstdenkmale in der DDR (Hauptstadt Berlin, Bd. I), Berlin 1981, entnommen.
2 Walther Kiaulehn: Berlin – Schicksal einer Weltstadt, München/Berlin 1958, S. 391 ff.
3 Friedrich Saß, zitiert aus Winfried Löschburg: Unter den Linden – Geschichte einer berühmten Straße, Berlin 1991, S. 140.
4 Zollernhof – ZDF-Hauptstadtstudio & VEBA, Die Neuen Architekturführer Nr. 18, Berlin 2000.
5 Ausführlich befasst sich mit der Geschichte des Quartiers Laurenz Demps: Der Schiffbauerdamm, Berlin 1992.
6 Joseph Roth: Im Dampfbad bei Nacht, Feuilleton für die „Neue Berliner Zeitung" vom 4. März 1920, zitiert aus: Michael Bienert (Hg.): Joseph Roth in Berlin, S. 109.
7 Walther Kiaulehn: Berlin – Schicksal einer Weltstadt, München/Berlin 1958, S. 386.

An der Weidendammer Brücke überquert die Friedrichstraße die Spree. Das reiche schmiedeeiserne Rankwerk und die preußischen Adler auf der Brückenmitte stammen wie das ganze Bauwerk aus dem Jahr 1897.

Coca-Cola
Coca-Cola

OSWALD MATHIAS UNGERS' BERLINER WERK 1962–2002

„Berlin war von Anfang an ein Kreuzungspunkt von Ideen und Konzepten, eine Plattform kultureller und geistiger Auseinandersetzungen, ein Ort der vielen Orte. Es war immer schon These und Antithese zugleich, voller Widersprüche und Gegensätze, ein Platz, an dem sich alles und jeder tummelte, an dem nichts permanent sondern alles transitorisch war. Es war ein Experimentierfeld, auf dem ständig Neues, Andersartiges ausprobiert wurde."
Oswald Mathias Ungers, 1999 [1]

EXPERIMENTIERFELD BERLIN

Im Hinblick auf die Zahl der verwirklichten Gebäude nimmt Berlin im Schaffen von Oswald Mathias Ungers die zweite Stelle nach seiner Heimatstadt Köln ein. An dritter Stelle steht Frankfurt am Main. In Köln und Umgebung entstand Ungers' Frühwerk: Zwischen 1950 und 1962 konnte er im Rheinland die ansehnliche Zahl von 22 Bauten fertig stellen, die Mehrzahl von ihnen Wohnhäuser, aber auch einige Geschäftshäuser.

In Berlin verwirklichte Ungers zwischen 1962 und 2002 zehn Gebäude. Dazu kommt eine Reihe von Wettbewerbsbeiträgen und städtebaulichen Studien, etwa für die südliche Friedrichstadt im Jahr 1981. Das Berliner Werk ist von einer ungleich intensiveren Auseinandersetzung mit städtischen Orten geprägt als das Kölner. Es ist konzeptioneller, stärker von Reibungen und Zeitströmungen, Inspiration aus dem Ort, Widersprüchen und ihrer Bewältigung beeinflusst.

Berlin kommt also im Ungers'schen Schaffen eine besondere Bedeutung zu: Zum einen setzte sich der Architekt – der bis dahin vorwiegend mit kleinräumigen, auf klar abgegrenzte Baugrundstücke beschränkten Bauaufgaben konfrontiert war – in dieser Stadt so intensiv wie nirgendwo anders mit dem Wesen städtischer Strukturen auseinander, wodurch seine Architektur konzeptionell reicher geworden ist, denn hier waren seine Stärken als Städtebauer gefragt. [2] Zum anderen bot die fragmentarische, noch vom Krieg gezeichnete Stadt Freiräume für formale Experimente, die andernorts so nicht zu finden waren. In der Vorbereitungsphase zur IBA 1984 waren die Planungsgebiete West-Berlins städtebauliches Experimentierfeld. Für Ungers war der Auftrag, einen städtebaulichen Rekonstruktionsplan für die fragmentarische Stadtstruktur der südlichen Friedrichstadt zu entwickeln, eine reizvolle Herausforderung.

Ungers' Wirken in Berlin lässt sich in drei voneinander einigermaßen unabhängige Phasen einteilen – die sechziger Jahre, die späten siebziger und frühen achtziger Jahre sowie die Zeit nach der Wiedervereinigung.

In der Frühphase – nachdem Ungers als Professor an die Technische Universität berufen wurde, verwirklichte er in Berlin nur ein Bauprojekt. Das allerdings hat Volumen: Die nach Ungers' Plänen errichtete Wohnanlage in der Großsiedlung Märkisches Viertel am Nordrand von Berlin-Reinickendorf umfasst 1.305 Wohnungen in zehn Geschossen.

Die heftige Kritik am Märkischen Viertel und die politischen Umbrüche, von denen die TU Berlin gegen Ende der sechziger Jahre

Links: Das Quartier 205 ist der südlichste Block der Friedrichstadt-Passagen. Ansicht der Fassade zur Mohrenstraße/Taubenstraße.

erfasst wurde, trugen zweifellos dazu bei, dass Ungers sich entschloss, ein Lehrangebot an der Cornell University im amerikanischen Ithaca anzunehmen.
Das Märkische Viertel lag weit außerhalb der gewachsenen Stadt „auf der grünen Wiese". Seit den sechziger Jahren sind auch an zahlreichen anderen Orten Siedlungen dieser Art entstanden. Zwar hatte sich Ungers schon in seiner Zeit als Professor an der Technischen Universität systematisch mit dem Städtebau Berlins beschäftigt, aber erst nach seiner Rückkehr aus den USA am Ende der siebziger Jahre rückte die Aussicht in greifbare Nähe, in der Berliner Stadtlandschaft selbst zu planen und zu bauen. Verschiedene Wettbewerbe und städtebauliche Studien – darunter jene für die südliche Friedrichstadt, mit der ihn 1980/81 die senatseigene IBA-Gesellschaft beauftragte – zogen schließlich Bauaufträge nach sich. Den Schwerpunkt in dieser Phase bildeten städtische Wohnungsbauten. Die Projekte kamen unter dem Förderreglement des sozialen Wohnungsbaus zustande, was dem Architekten zum Teil schmerzliche Kompromisse abnötigte. Dies änderte jedoch nichts an der konzeptionellen Stärke und der innovativen räumlichen Organisation und Grundrissgestaltung der Gebäude.
Ein Einzelstück – auch im Werk von Ungers – stellt das Abwasserpumpwerk an der Moabiter Gotzkowskystraße dar.
Erst in den neunziger Jahren konnte Ungers aus dem Vollen schöpfen – denn nun kommen die Aufträge in Berlin in erster Linie von privaten Investoren. Die einst von Fördermilliarden abhängige Stadt ist jetzt wieder mit dem übrigen Deutschland vereint und von Investoren umworben. Oswald Mathias Ungers erhält den Zuschlag für eines der ersten großen Projekte der Nachwende-Phase: Am Gendarmenmarkt, in direkter Nachbarschaft zu Schinkels Schauspielhaus plant er auf dem Quartier 205 einen Block der Friedrichstadt-Passagen. Und mit der schon 1990 begonnenen Erweiterung der Berliner Messehallen konnte er das umfangreichste Berliner Bauvorhaben der neunziger Jahre für sein Büro gewinnen.
Man glaubt es Ungers gerne, wenn er bekennt, dass ihm an Berlin selbst nie besonders gelegen war. Jedoch zollt er der geistigen Blütezeit Preußens um 1800 Bewunderung, der Hochzeit von Klassizismus und humanistischer Bildung. Trotzdem hat auch das Berlin der unmittelbaren Vergangenheit unübersehbaren Einfluss auf Ungers' Schaffen ausgeübt: So setzte sich der Architekt hier so intensiv wie nirgendwo anders mit dem Wesen der Stadt, ihren Strukturen und morphologischen Möglichkeiten auseinander; die Bauten, die er in Berlin schuf, sind von großer Originalität und in vielem bis heute wegweisend. Aber nicht nur die Stadt, auch das architektonische Repertoire des Architekten erfuhr durch die Bekanntschaft mit der Großstadt eine entscheidende Bereicherung.

WOHNHOCHHAUS IM MÄRKISCHEN VIERTEL

Berlin-Wittenau, Wilhelmsruher Damm 152–158
1963

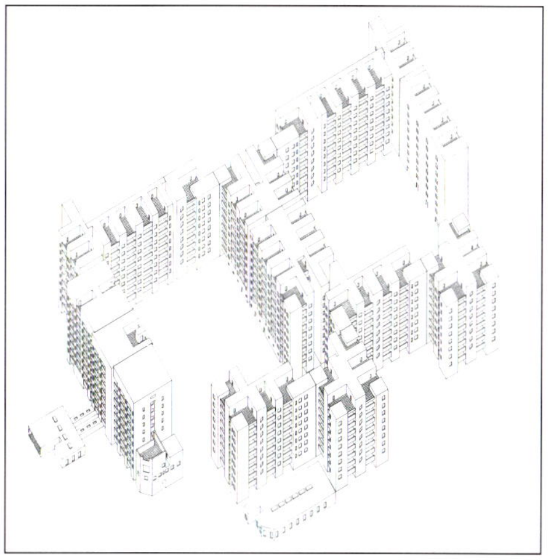

Der mäandrierende Großwohnblock entlang des Wilhelmsruher Damms war Oswald Mathias Ungers' erstes verwirklichtes Gebäude in Berlin. Es ist ein Beispiel dafür, dass sich Ungers gegenüber Zeitströmungen stärker aufgeschlossen zeigte, als man gemeinhin denkt – und gerade die Bereitschaft dazu ist ja die Voraussetzung geistiger Autonomie.

Unter der aus heutiger Perspektive etwas irreführenden Losung „Urbanität durch Dichte" entstand ab 1963 im äußersten Norden von West-Berlin auf den freien Feldern des Ortsteils Wittenau das Märkische Viertel. Es ist als unabhängige städtebauliche Einheit mit eigenen Einkaufs- und Kultureinrichtungen konzipiert. Ein vielköpfiges Architektenteam unter der Federführung von Werner Düttmann errichtete in Wittenau insgesamt 17.000 Wohnungen, vorwiegend in Form von 10- bis 18-geschossigen Hochhäusern, die als Winkelfiguren oder vielgliedrige Mäander frei über das Gelände verteilt sind. Sowohl die Höhe der Gebäude als auch ihre bauliche Figur sprengte absichtsvoll die Maßstäblichkeit traditioneller Stadtstrukturen. Die Urbanität lag nach dem Verständnis der Planer in der extremen Ballung der Wohnungen, da aber geschlossene Straßenräume fehlen und die Freiräume zwischen den Wohnfiguren überdimensioniert sind, wirkt die Siedlung eher unstädtisch.

Ungers entwarf eine Anlage aus mehreren 12- bis 14-geschossigen Wohnriegeln, die rechtwinklig um zwei Höfe gruppiert sind. Es handelt sich um insgesamt 1.305 Wohnungen. In jeder Etage sind fünf Wohnungen um einen Erschließungskern gruppiert. Um sie möglichst gut zu belichten, versah Ungers die rechtwinklige Grundfigur mit plastisch vor- und zurückgestaffelten Baukörpern: Aus der Front tretende „Turmeinheiten" gliedern die Großform. Dieses Komponieren mit Positiv- und Negativformen greift in den Dachzonen auf die Horizontale über; die Dächer sind als großmaßstäbliche Kammstruktur ausgebildet. In die Zwischenräume des Kamms fügte Ungers patioartige Dachterrassen ein. Der Architekturhistoriker Martin Kieren schrieb rückblickend über das Projekt: „Hier zeigt sich erstmals eine Schwierigkeit, die später öfters bei Projekten von Ungers zu beobachten sein wird: das Entwurfsthema bleibt in gewisser Weise an einen kleineren Maßstab gebunden, ist nicht in jeder Dimension und Höhenstaffelung der Baukörper zwingend." [3]

Links: Ansicht der Hochhaustürme vom Wilhelmsruher Damm aus. Rechts: Axonometrische Darstellung der Gebäudegruppe.

WOHNHAUS SCHILLERSTRASSE

Berlin-Charlottenburg, Kaiser-Friedrich-Straße 69/Ecke Schillerstraße
1978

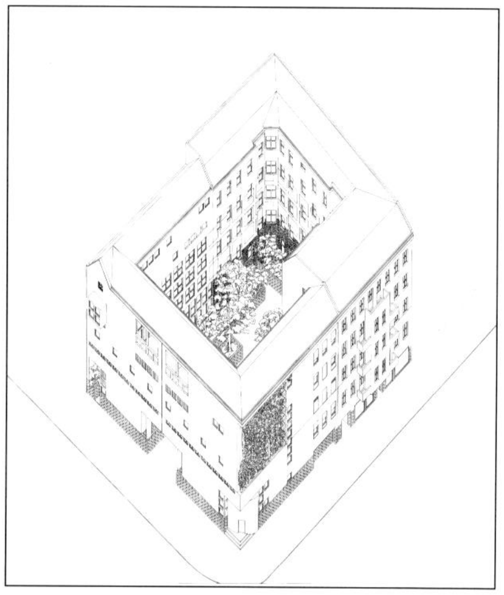

Im Konzept des Hauses verschränken sich Eigenständigkeit und Anpassung an die Umgebung auf eigenwillige Weise: Das Gebäude schließt eine Straßenecke in einer homogenen Bebauung aus typischen Berliner Mietshäusern des ausgehenden 19. Jahrhunderts, eines der Nachbargebäude wurde in das Gebäudekonzept einbezogen. Seiner Umgebung passt sich Ungers' Neubau – es ist sein erstes Projekt nach der Rückkehr aus den USA – in der Kubatur, der Dachform und zum Teil auch in der inneren Organisation an. Eine Sockelzone aus dunklen Klinkern dient als Bindeglied zum benachbarten Mietshaus, ebenso wie ein kurzer Fassadenabschnitt, der dessen Fenstertakt aufnimmt.

Die Fassade mit ihren großen geschlossenen Flächen und den in mehreren, voneinander unabhängigen Ordnungsrastern angeordneten Fenstern erscheint zwischen den gleichmäßigen Lochfassaden der Mietshäuser jedoch als Fremdkörper. Das ungewohnte Bild wird verstärkt durch die beiden über zwei Etagen reichenden, tief eingeschnittenen Loggien sowie einen kleinen Erker, der isoliert im oberen Drittel der Fassade sitzt – Elemente, die darauf hindeuten, dass Ungers die Fassade als Referenz an den Typus des herrschaftlichen Stadtpalais aufgefasst hat. Die Schauseite solcher Palais zieren häufig repräsentative Erker und Loggien, oftmals aber nur wenige Fenster. Der funktionale Effekt der recht geschlossenen Außenfassade besteht darin, die Wohnungen vom Lärm der befahrenen Straße abzuschirmen – eine Entscheidung, die Ungers ganz ähnlich auch bei seiner 1980 fertig gestellten Bebauung am Lützowplatz traf. Wie dort orientieren sich die Hauptwohnräume an der Kaiser-Friedrich-Straße in erster Linie zum Hof. Die Wohnungen sind überwiegend als Maisonette organisiert, z.T. sogar über drei Etagen. Auffallend – und etwas gewöhnungsbedürftig – ist der rund hervorgehobene, jedoch nur mit einer sehr kleinen Tür versehene Hauseingang an der Straßenecke.

Die Normen des sozialen Wohnungsbaus forderten vom Architekten einige Zugeständnisse, unter anderem konnten die Fenster nicht, wie ursprünglich geplant, fassadenbündig eingesetzt werden.

Wohnhaus in der Schillerstraße, Fotografie aus der Erbauungszeit. Rechts: Schaubild des gesamten Gebäudes.

WOHNBEBAUUNG LÜTZOWPLATZ

Berlin-Tiergarten, Lützowplatz
1979–83

Lage an einer stark befahrenen Verkehrsader befinden sich hinter der „Wand" vor allem Küchen, Bäder und Treppenhäuser, während sich die Wohnräume zur Hofseite orientieren. Die Fensterbänder der Treppenhäuser rhythmisieren im Zusammenspiel mit den Dreiecksgiebeln wirkungsvoll die Fassade und mildern ihre Horizontalstruktur. Den Übergang zum gemauerten Sockel bilden breite Unterzüge, so dass die Hauptfassade auf mächtigen Querbalken zu ruhen scheint. Städtebauliche Intention war es, dem stark überformten Lützowplatz einen neuen räumlichen Abschluss zu geben. An der Binnenseite des Blocks setzt sich die Bebauung in aufgelockerter Weise fort: In der Achse der straßenseitigen Giebel stehen drei ebenfalls giebelständige, turmartige Solitäre. Zwischen den Häusern erstreckt sich eine begrünte Gartenzone. Die drei Solitäre werden flankiert von zwei weiteren Gebäuden, die die Anlage an ihren Stirnseiten abschließen und an die Nachbarbebauung anknüpfen. Zu dem von einem gewundenen Fußweg durchzogenen Binnenraum hin öffnen sich die Wohnungen mit Loggien und Dachterrassen.

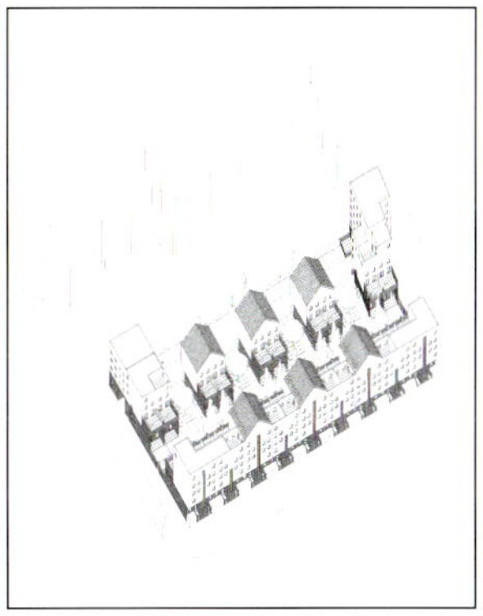

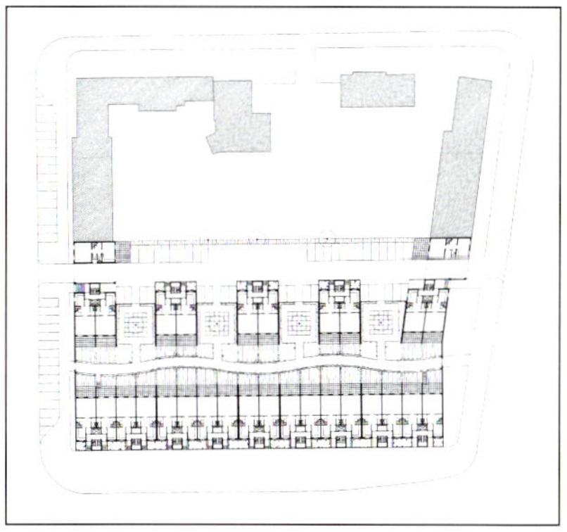

Das sechsgeschossige Wohnhaus am Lützowplatz ist ein gutes Beispiel für Oswald Mathias Ungers' Meisterschaft im Schaffen einprägsamer architektonischer Bilder. Hier ist es die unkonventionelle Adaption des Haus Archetypus in Gestalt von dreieckigen Giebelfeldern. Diese Kombination einer glatt abschließenden Dachkante mit drei traufständigen Giebeln findet man in Berlin nicht noch einmal, wodurch das Bauwerk einen bleibenden Eindruck hinterlässt. Das liegt sicher auch an dem verschlossenen Duktus des Hauses: Seine homogene, von symmetrischen Fensterfeldern unterbrochene Lochfassade bezeichnete Ungers programmatisch als „Wohnwand".[4]
Die 84 Wohnungen, überwiegend Maisonettes, wurden im Rahmen der Internationalen Bauausstellung (IBA) 1984 erstellt. Aufgrund der

Die Bebauung ist gedacht als eine unterschiedliche Wohnbedürfnisse integrierende Einheit, die ihren Bewohnern trotz innerstädtischer Lage Intimität und Überschaubarkeit bietet. Die mehrgeschossigen Wohnungen mit ihren breiten Dachterrassen ersetzen beinahe ein Haus mit Garten. In diesem Anspruch und in der betonten Abschirmung gegen die Umgebung, nicht zuletzt durch den Klinkersockel, erinnert das Konzept an den Siedlungsbau der zwanziger Jahre. Allerdings sind die Gärten und Terrassen nur eingeschränkt nutzbar, da der Abstand zum Gegenüber zu gering bemessen ist.
Ungers' ursprünglicher Entwurf hatte zum Platz hin eine durchgehende Mauerwerksfassade vorgesehen, die aus Kostengründen eingespart wurde.

Links: Drei gleichartige Giebeldreiecke bestimmen die Fassade zum Lützowplatz, die Sockelzone wird von Rücksprüngen rhythmisiert. Rechts: Vogelperspektive und Grundriss der gesamten Anlage.

MEHRFAMILIENHÄUSER MIQUELSTRASSE

Berlin-Grunewald, Miquelstraße
1980–82

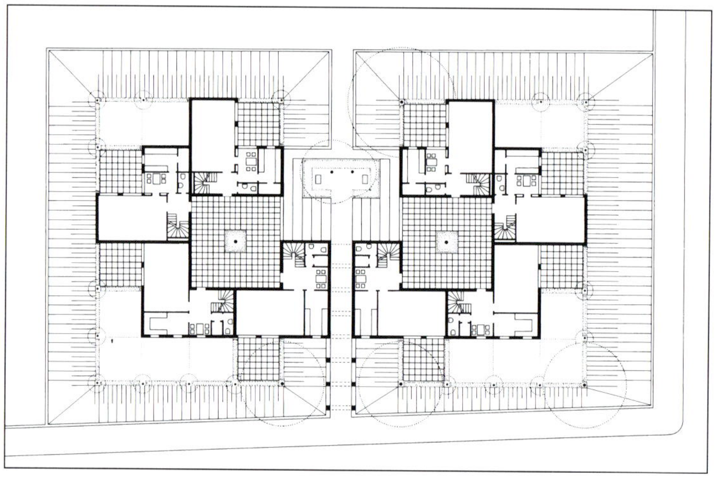

Die zwei winkelförmigen Mehrfamilienhäuser stehen auf einem weitläufigen Grundstück im Berliner Vorort Grunewald und umschließen einen leicht abgesenkten Innenhof von drei Seiten. Obwohl relativ kleine Wohneinheiten geplant waren, sollten sich die Gebäude äußerlich in die umgebende Villenbebauung einfügen.

Vom Hof gehen einander gegenüberliegende Eingänge zu zwei von Glasdächern überspannten Atrien ab, die das Kernstück der Häuser bilden und um die sich die Wohnungen gruppieren. Jedes der in ihrem Grundriss gespiegelten Häuser nimmt vier Wohnungen auf. Deren Grundrissorganisation ist bestechend einfach und sinnfällig: Die jeweils auf zwei Etagen verteilten Wohnräume sind auf winkelförmigem Grundriss so gegeneinander versetzt, dass eine gegenseitige Störung weitgehend ausgeschlossen ist. Zusammen mit der von dem Winkelgrundriss umschlossenen Terrasse bildet der Grundriss ein Quadrat. Das Raumprogramm entspricht dem eines kleinen Reihenhauses. Die Häuser belegen, dass es für das verdichtete Wohnen mit Garten sehr reizvolle Alternativen zur Reihung gibt. Darin liegt ihre Aktualität: Die Stärke der Ungers'schen „Mehrfamilienvilla" ist nicht nur die geschickte Anordnung der Wohneinheiten, sondern auch, dass sie auf einen gemeinsamen Mittelpunkt – den Hof und die ihn flankierenden Atrien – hin ausgerichtet sind. Dadurch gewinnen sie Urbanität und stiften Gemeinschaftssinn.

Der umlaufende, eine Arkade andeutende Sockel, in den die Fenster, aber auch Felder für Spaliergitter eingelassen sind, hält die beiden Baukörper als gemeinsame Sockelzone zusammen. Er ist durch dunklen Putz hervorgehoben, tritt gegenüber dem Obergeschoss jedoch nur um wenige Zentimeter hervor. Das von Ungers seit den fünfziger Jahren geschätzte Bauen im Wechselverhältnis plastischer Positiv- und Negativformen ist hier also schon stark zurückgenommen und durch eine minimalistische Auffassung abgelöst. Zwar wirkt die geometrische Kargheit der Gebäude zunächst wenig anziehend, beim Nähertreten und Verweilen stellt sich aber angesichts der vom Ensemble ausgehenden Klarheit und Ruhe Wohlbefinden ein. Die einfache Grundform des Hauses, Atrium und Innenhof sprechen von Ungers' Vorliebe für das Formenrepertoire der römischen Architektur. Der Architekt beschäftigte sich in der Zeit vor dem Bau des Hauses intensiv mit an römische Landvillen angelehnten, einfachen Wohnhaustypen, unter anderem für Solar- und Ökohäuser. [5]

Links: Die Mehrfamilienhäuser in der Miquelstraße umschließen einen intimen Gartenhof. Blick aus dem Hof in eines der überdachten Atrien. Rechts: Grundriss der beiden Häuser. Ihre innere Struktur wird von gegeneinander versetzten Winkelformen bestimmt.

STÄDTEBAULICHE UNTERSUCHUNG FÜR DIE SÜDLICHE FRIEDRICHSTADT
1981

Die Städtebauliche Studie für das Gebiet der südlichen Friedrichstadt entstand im Auftrag des Berliner Senats und diente zur Vorbereitung der Internationalen Bauausstellung (IBA) 1984.
Entsprechend dem IBA-Motto „kritische Rekonstruktion der Stadt" zeugt der Auftrag von der sich bei Stadtplanern und Baupolitikern allmählich durchsetzenden Erkenntnis, dass die Negation traditioneller Stadtstrukturen durch die Stadtplanung der fünfziger und sechziger Jahre eine Fehlentwicklung war. Der postmoderne Städtebau gab dem Wunsch Ausdruck, wieder an die Strukturen der gewachsenen Stadt anzuknüpfen, anstatt starre Zeilen oder willkürlich mäandrierende Hochhausfiguren zu produzieren.
Oswald Mathias Ungers hatte sich schon 1977 im Rahmen eines Wettbewerbs mit der südlichen Friedrichstadt beschäftigt, einem durch Kriegszerstörungen und stadtplanerische Fehlleistungen der sechziger Jahre stark in Mitleidenschaft gezogenen Gebiet. Wie Zeugenfelsen standen einzelne Vorkriegsbauten verloren in der Weite der urbanen Prärie; das bekannteste Bauwerk war der inzwischen denkmalgeschützte Portikus des ehemaligen Anhalter Bahnhofs. Er blieb als Fragment des 1961 gesprengten Kopfbahnhofs erhalten.
Das Gebiet wird nach Süden begrenzt durch den Landwehrkanal, westlich vom früheren Gelände des Potsdamer Bahnhofs und nach Osten durch die Stresemannstraße. Ehemals unmittelbar an die Berliner City angrenzend, bildete dieser dicht an der Mauer gelegene Teil Kreuzbergs in den siebziger Jahren eine Randlage West-Berlins. Sie stellte sich als räumlich zerrissenes Gebiet dar, in dem sich Wohnbauten verschiedenster Epochen, weiträumige Brachflächen und Gewerbe abwechselten.
Ungers' Entwurf zielte darauf, dem Quartier eine geschlossene städtische Kontur zurückzugeben. Die fragmentarischen Bebauungsreste lässt er in neuen Gebäudegruppen, Blocks und Höfen aufgehen. Für jeden Block findet Ungers, ausgehend von den jeweiligen räumlichen Möglichkeiten, eine eigene bauliche Figur. Auch die Bebauungsdichte variiert stark. Während in den Randbereichen Variationen des Themas „städtischer Block" vorherrschen, sieht der Plan für das Areal des ehemaligen Anhalter Bahnhofs einen Park mit Sportflächen sowie stadtvillenartige Solitärbauten vor.
In der südlichen Friedrichstadt wird Ungers wenige Jahre später zwei seiner Berliner Projekte verwirklichen – das Wohnhaus in der Köthener Straße sowie das Familiengericht – und dabei an seine vorangegangenen städtebaulichen Überlegungen anknüpfen.
Da das IBA-Programm für das innerhalb von West-Berlin eher periphere Gebiet fast ausschließlich Wohnungsbau vorsah, war die Bandbreite der städtebaulichen Möglichkeiten, etwa beim Nutzungsprogramm der Erdgeschosse, recht einschränkt.

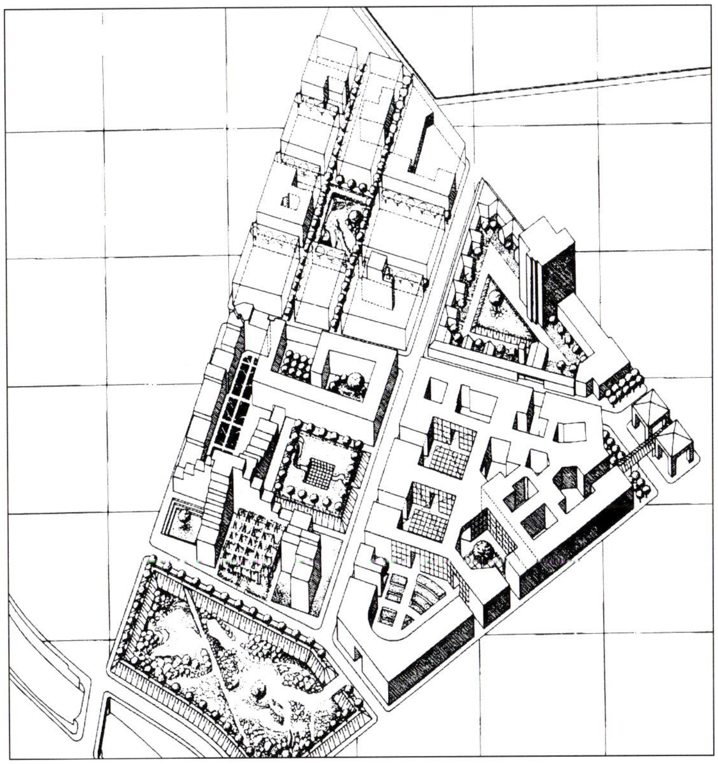

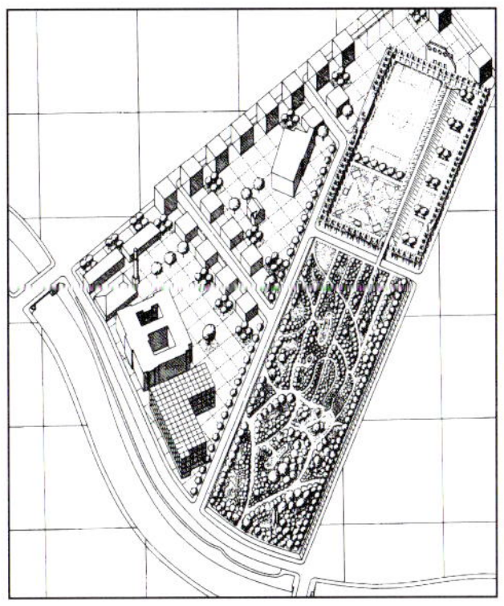

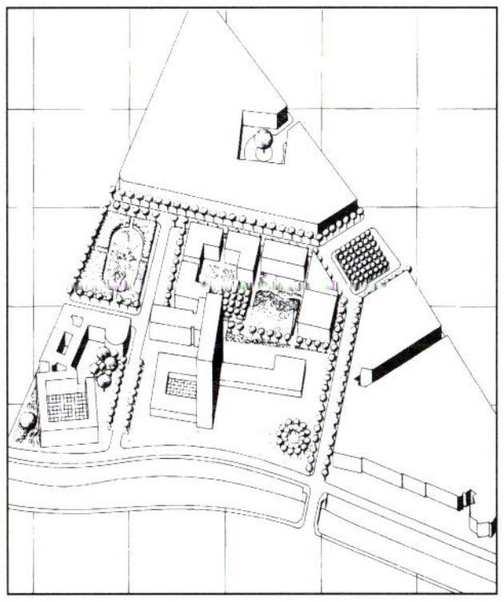

Das städtebauliche Untersuchungsgebiet südliche Friedrichstadt umfasste drei Bereiche: Die Blocks zwischen Köthener, Schöneberger und Stresemannstraße (links), das Gelände des ehemaligen Anhalter Bahnhofs (mitte) sowie die von der Stresemannstraße und dem Landwehrkanal begrenzten Quartiere (rechts).

ABWASSERPUMPWERK MOABIT

Alt-Moabit, Berlin-Tiergarten
1978 Planung, 1987 Realisierung mit Stefan Schroth

Den Auftrag zum Bau des Abwasserpumpwerks erhielt Ungers 1977 von den Berliner Wasserbetrieben. Der Neubau sollte das benachbarte Pumpwerk aus dem Jahre 1890 ersetzen, das nicht mehr den technischen Anforderungen entsprach. Aufgrund verwaltungsbedingter Verzögerungen wurde das Gebäude jedoch mit fast zehnjähriger Verzögerung gebaut. So trat es als später Gruß der Postmoderne erst in der Phase ihrer Überwindung in die Welt, wie viele der im Vorfeld der Internationalen Bauausstellung 1987 initiierten Projekte. Es repräsentiert allerdings eine ganz unplakative, geistvoll abstrahierte Spielart der Postmoderne. Die eigentlichen technischen Einrichtungen des Pumpwerks, Abwassersammelbecken und Pumpen, liegen 15 Meter unter dem Gebäude. Im oberirdischen Teil befinden sich neben der Leitwarte im Wesentlichen Nebeneinrichtungen wie Trafos, Heizungs- und Lüftungsanlagen. In der Längsachse des Gebäudes sind drei Schächte zu den unterirdischen Bassins angeordnet, darüber ein Kran auf Laufkatzen. Der bis in die Giebelzone offene Innenraum erinnert an ein Kirchenschiff. Die auffällige Gestalt des Hauses rührt also durchaus aus funktionalen Anforderungen her – die monumentalen Schornsteine eingeschlossen, über welche Abluft und die Dieselabgase eines Notaggregats abgeführt werden können. Und doch hätte man die technischen Einrichtungen ebenso gut in einem ganz anderen baulichen Gehäuse unterbringen können.
Mit anderen Worten: Ungers genoss bei diesem Projekt die Freiheit, eine archetypische Architektur gewissermaßen um ihrer selbst willen zu kreieren. Eine Gelegenheit, die er gerne ergriff – die Freude an der inszenatorischen Überhöhung des Wirklichkeit gewordenen architektonischen Bildes ist hier jedenfalls unübersehbar. Ungers zelebriert die Symmetrie und verbindet den Industriebau mit dem Thema des Sakralbaus. Dabei wächst keine neue „Industriekathedrale" aus dem Boden, aber ein wunderlicher Bau, der nicht zuletzt durch das streng gleichschenklige, für Berlin recht untypische giebelständige Dach ins Auge fällt. Ein Berliner Architekturführer sieht in den Schornsteinen sogar die abstrahierte Anspielung auf eine „romanische Doppelturmanlage".[6]
Zugleich korrespondiert das Gebäude in Material und Grundfigur mit dem benachbarten alten Pumpenhaus. Die hohen Schornsteine lassen sich auch als Versuch Ungers' auffassen, das Gebäude den Dimensionen der umliegenden Wohnhäuser anzupassen und dadurch den Bruch im städtebaulichen Maßstab zu mildern.
Für die Schornsteine gibt es in dieser eigenwilligen Anordnung kein Vorbild, und natürlich ist diese Anordnung nicht wirklich funktional begründet. Die massig aus dem niedrigen Baukörper wachsenden Ziegelstelen geben dem Gebäude eine emblematische Kraft. Ungers konnte unter Beweis stellen, dass die von ihm beanspruchte künstlerische Autonomie der Architektur auch vor Zweckbauten nicht Halt machen muss.

Das Pumpwerk von der Straße Alt-Moabit aus gesehen.

WOHNHÄUSER KÖTHENER/BERNBURGER STRASSE

Berlin-Kreuzberg, Köthener/Bernburger Straße
1987

Wie auch an anderen Punkten der nur noch fragmentarischen südlichen Friedrichstadt war das Thema hier „Stadtreparatur" – der Versuch also, die städtische Kontur des Areals wiederherzustellen. Das Projekt hatte sich infolge der städtebaulichen Studie ergeben, die Ungers ein paar Jahre zuvor für das Gebiet entwickelt hatte.
Auf quadratischem Grundriss verwirklichte Ungers ein in acht unabhängige Aufgänge gegliedertes Haus. Je zwei große Öffnungen in jeder Seitenwand gliedern den ansonsten völlig symmetrischen, homogenen Baukörper. Dessen Sockelzonen sind symmetrisch auf die quadratische Grundfigur verteilt, sie besetzen die Ecken und – jeweils mittig – den von den „Eckpfeilern" gebildeten Zwischenraum. Frappierend ist, wie wenig sich die weiten Öffnungen in der Erscheinung des Hauses bemerkbar machen: Es wirkt trotz der tiefen Einschnitte geschlossen und städtisch.
Geplant mit Mitteln des sozialen Wohnungsbaus, war das Haus vor allem für kinderreiche Familien gedacht. Die größten Wohnungen haben 145 Quadratmeter und erstrecken sich teilweise über zwei Etagen. Die vor vielen Fenstern angebrachten „Satellitenschüsseln" schmälern die Würde der Ungers'schen Architektur ebenso wenig wie vereinzelte Graffiti oder der von der Wohnungsbaugesellschaft angepflanzte wilde Wein, der inzwischen die halbe Südfassade erobert hat. Seine Blätterwand konterkariert das strenge Wechselraster aus Fenster und Wand und lässt die Kanten der Laibungen verschwimmen.
Der Hof ist eine Membran, ein Grenzort zwischen Innen- und Außenwelt. In ihm mischen sich die Stimmen der spielenden Kinder, das Töpfeklappern und die Radios aus den Wohnungen mit den Geräuschen der Stadt ringsum, mit Straßenlärm und dem Rattern der U-Bahn, die einen Steinwurf entfernt aus dem Tunnel rollt. Eine ungewohnte Raumerfahrung: Zu vier Seiten öffnet sich der Hof mit insgesamt acht Durchgängen weit zur umgebenden Stadt. Diese ist mit ihren Bildern und Geräuschen präsent, zugleich aber bleibt der Hof ein abgeschlossener Raum mit fragmentarischer Grenze. Nicht ganz zu Unrecht ließe sich einwenden, dass damit ein unentschiedener Charakter geschaffen wurde. Zweifelsohne hat Ungers hier versucht, etwas Neues zu entwickeln, den eindeutigen Gegensatz zwischen geschlossen und offen aufzulösen. Um diese Raumdramaturgie herzustellen, bedient er sich horizontaler Elemente (die vier Öffnungen) ebenso wie vertikaler Großformen in Form der nur auf halber Haustiefe in das Tor hineinragenden, scheinbar „hängenden" Etagen.

Links: Wilder Wein bedeckt die Fassade zur Bernburger Straße. Die Stufen führen in den Hof, dessen Niveau gegenüber der Straße podiumartig angehoben ist. Mitte: Das Haus von der Bernburger Treppe aus gesehen. Rechts: Blick aus dem Innenhof auf die Straße.

FAMILIENGERICHT

Berlin-Kreuzberg, Hallesches Ufer/Möckernstraße
1990–94 mit Karl-Heinz Winkens

Bei der Entwicklung der baulichen Grundfigur für das Gebäude, das das Amtsgericht Kreuzberg und das Familiengericht unter einem Dach vereint, bewegte sich Ungers auf vertrautem Terrain: Bereits bei den städtebaulichen Studien in den Jahren 1977 und 1981 hatte er sich mit der südlichen Friedrichstadt beschäftigt.
Der zum Ufer des Landwehrkanals orientierte Neubau komplettiert einen infolge von Kriegszerstörungen fragmentarischen Block. Im rückwärtigen Bereich knüpft er an den Altbau des Amtgerichts Kreuzberg an. Alt- und Neubau bilden einen gemeinsamen, großzügigen Hof. Der die Schauseite beherrschende, in schräg verdrehtem Winkel hervortretende Risalit ist ein quadratischer Kubus und nimmt die Richtung des Altbautraktes auf. Die auf diese Weise hervorgehobene Eingangspartie wird zusätzlich durch einen tief gestaffelten Treppenaufgang inszeniert. Betritt man das Gebäude, fällt die Kleinteiligkeit der Innenräume auf. Mit etwa 40 Quadratmetern entsprechen auch die Verhandlungssäle den Abmessungen großer Wohnzimmer.
Ein Familiengericht ist selten ein erfreulicher Ort. Bei den Verhandlungen geht es vorwiegend darum, Scheidungen einzureichen oder über das Sorgerecht für die Kinder zu entscheiden. Entsprechend dramatische Szenen spielen sich bisweilen auf den Fluren ab. Den oft schwerwiegenden Entscheidungen solcher juristischen Auseinandersetzungen versuchte O.M. Ungers mit überschaubaren Verhandlungssälen zu entsprechen. Die Korridore, in denen die Prozessbeteiligten auf ihre Verhandlung warten, erhalten eine beinahe wohnliche Note, indem Ungers sie in kurze Abschnitte aufteilt und durch eine Kassettendecke optisch staffelt. Vor den Gerichtssälen ist der Flur jeweils zu einer Nische mit Sitzmöglichkeit aufgeweitet, die eine relative Intimität ermöglicht. Die asymmetrischen Räume, die an den Übergängen zwischen dem verdrehten Kubus und dem Haupttrakt entstanden sind, bieten sich im Gerichtsalltag für ein unbehelligtes Gespräch einzelner Prozessbeteiligter an.
Bei der Planung des Neubaus suchte die Gerichtsverwaltung nach einer angemessenen Lösung für die Kinder, die von den Eltern zum Gerichtstermin mitgebracht und die häufig auch als Zeugen gehört werden. Um ihnen die aufwühlende Situation so erträglich wie möglich zu machen, ersann Oswald Mathias Ungers das Kinderhaus. Dies ist ein frei stehendes, auf der Wiese vor dem Hauptflügel des Gebäudes situiertes Häuschen. Es ist eingeschossig und gibt sich mit seinem Zeltdach und dem rötlichen Putz schon formal als Exklave zu erkennen. Mit dem Gerichtsgebäude ist es über einen gläsernen Durchgang verbunden; zwei Erzieherinnen betreuen die Kinder. Damit gibt Ungers dem Motiv des archetypischen Ur-Hauses, das im Frankfurter Architekturmuseum eher symbolische Bedeutung hat, eine reale Funktion. Wenn es zur Klärung der familiären Situation nötig wird, die Kinder zu befragen, spricht der Richter an diesem vom übrigen Gerichtsbetrieb abgeschirmten Ort mit ihnen.[7] Unweit des Kinderhauses steht ein großer, weiß lackierter Gitterwürfel Sol LeWitts, den der mit Ungers befreundete Künstler für den Vorplatz des Gerichts entwarf. Der Würfel korrespondiert mit dem Rastersystem des Hauses. Das Büro O.M. Ungers gestaltete auch die Inneneinrichtung wie das Mobiliar der Verhandlungszimmer, die Wartebänke und die Einrichtung der Cafeteria.
„Die architektonische Qualität dieses unspektakulären Baus gründet sich auf eine Summe vieler Faktoren, die konzeptionelle Stärke und Klarheit, die Logik des städtebaulichen Eingriffs, die Detail- und Ausführungsqualität, die Alltagstauglichkeit und natürlich auch die ökonomische Realisierung",[8] kommentierte der Berliner Architekturkritiker Falk Jaeger aus Anlass der Fertigstellung.

Links: Aufgeweiteter Korridor im Haupttrakt. Mitte: Ein leicht verdrehter Kubus tritt als Mittelrisalit aus der Hauptfront des Gebäudes. Im Vordergrund links die vom Künstler Sol LeWitt für diesen Standort entworfene Plastik. Rechts: Das Kinderhaus steht, umgeben von einem Robinienhain, auf dem Platz vor dem Gericht.

MESSE BERLIN: ERWEITERUNG DER MESSEHALLEN

Berlin-Charlottenbug, Messedamm 22
1993–2002 mit Walter A. Noebel, Karl-Heinz Winkens und Jörg Lenschow

Wenn es um die Bewältigung sehr umfangreicher Bauaufgaben geht, zeigt Oswald Mathias Ungers' Planungsmethodik, die Gebäude aus einem auf dem Quadrat basierenden Rastersystem zu entwickeln, ihre Stärken. Sie hilft ihm, den Überblick zu bewahren und ist ein ideales Werkzeug komplexer Planung. Diese Souveränität im großen Maßstab zeigte sich einmal mehr bei der Erweiterung der Messe Berlin, die fast ein Jahrzehnt in Anspruch nahm. Basierend auf einem Gutachten, das Ungers im Frühherbst 1989 zusammen mit Walter Noebel im Auftrag der Messegesellschaft erarbeitete, lobte diese einen Realisierungswettbewerb aus. Das Büro Ungers setzte sich mit seinem Konzept souverän gegen die übrigen Teilnehmer durch, unter anderem auch gegen Norman Foster. Den Hauptausschlag für die Entscheidung zugunsten Ungers' dürfte die von ihm angebotene Lösung eines seriellen, nach allen Richtungen erweiterbaren Bausystems gegeben haben. Ein solches flexibles System war ausdrücklicher Wunsch der Messemanager gewesen.

Die Entscheidung über die Vergabe des Projektes fiel in die euphorische Aufbruchsstimmung unmittelbar nach der Maueröffnung. Da man Berlin nun enorme Wachstumspotenziale zutraute und sich die Stadt überdies für die Ausrichtung der Olympischen Spiele 2000 beworben hatte, mussten die Architekten mehrmals umplanen, unter anderem, weil die Hallen möglicherweise der Austragung olympischer Wettkämpfe dienen sollten. Fernab der „größten Baustelle Europas" am Potsdamer Platz war die Erweiterung der Messe mit einem Etat von 1,8 Milliarden Mark das größte Bauvorhaben der neunziger Jahre in Berlin. 17.000 Tonnen Stahl und 133.000 Kubikmeter Beton wurden hier von zeitweilig 1.200 Bauarbeitern verbaut. [9]

Die von Ungers gemeinsam mit seinen Berliner Mitarbeitern Karl-Heinz Winkens und Jörg Lenschow geplanten Erweiterungsbauten bestehen aus drei parallel angeordneten, langrechteckigen Großhallen identischer Abmessung und einem seitlichen Riegel, der mit seiner Stirnseite an den Bestand anknüpft. Der Riegel schließt das Messegelände zugleich zum Messedamm hin ab.

Der Innenraum der fensterlosen Hallen ist neun Meter hoch. Gegliedert wird der beeindruckende Komplex in seiner horizontalen wie vertikalen Struktur von einem lückenlosen und fast lückenlos sichtbaren Achsraster aus Quadraten von drei Metern Seitenlänge. Sie sind jeweils unterteilt in ein 2,50 Meter breites Feldraster und ein das innere Feld umschließendes, 50 Zentimeter breites Bandraster aus Aluminiumprofilen. Wo sich horizontale und vertikale Bandraster überlappen entsteht ein weiteres Quadrat, das durch stählerne Lisenen hervorgehoben wird. Das Feldraster bilden vorgefertigte Fassadenelemente, bestehend aus rechteckigen, dachziegelroten Majolikafliesen, die im Wechsel von Längs- und Querlage paarweise auf einer Grundplatte befestigt sind: Eine Verkleidung, die an Industriebauten der klassischen Moderne erinnert.

Die Oberfläche der Platten ist bestimmt vom kleinteiligen Wechselspiel aus länglichen Fliesen, quadratischen Fliesenpaaren und dem die

Links: Der neue Südeingang der Messe Berlin ist der jüngste Teil der Ungers'schen Messe-Erweiterung. Das halbkreisförmige, von einem abgesenkten Platz umgebene Gebäude ist 21 Meter hoch und bietet 2.400 Quadratmeter Nutzfläche. Rechts: Stirnseite des die Hallen flankierenden Gebäudes, in dem sich Büros der Messegesellschaft befinden.

Fliesen umschließenden Fugennetz. Es belebt die Großarchitektur mit ihren mehrere hundert Meter langen Außenwänden in begrüßenswerter Weise. Die Bauarbeiter mussten die Platten lediglich in eine Tragkonstruktion einhängen, wodurch die Fassade in fast industriellem Tempo montiert werden konnte. Das warme Rot der Keramikplatten nimmt den Bauten die Anonymität und suggeriert zugleich eine Stein-auf-Stein zusammengefügte Architektur.
Am längs zu den drei neuen Hallen angeordneten Bürogebäude sind in das Rasterfeld Fenster eingefügt. Auch der Lochfassade gibt die kassettenartige Rahmung des Bandrasters die angemessene Tiefe und Plastizität. Die geglückte Detaillierung der Rasterfelder sowie ihr nahezu beliebig variierbarer „Inhalt" verhindern trotz vielfacher Reihung den Eindruck von Monotonie.
Selten sieht man die baulichen Ansprüche von Messen, also hohe, in Gestalt und Funktion homogene, rechteckige Hallen, in so klarer und – gemessen an der spröden Bauaufgabe – prägnanter Form verwirklicht. Die Fachwelt wusste dies zu würdigen. Falk Jaeger sah die neuen Messehallen als Beispiel „betörender Stringenz, Ordnung und Ruhe."[10] Paula Winter schreibt im Bauwelt-Jahrbuch 1998, das Ensemble bleibe trotz seiner Abmessungen im Understatement. Es wolle nicht mehr sein als ein „Bildhintergrund", der den Eingangsbauten von Richard Ermisch, Glanzlichtern der Fünfziger-Jahre-Architektur, den Vortritt lässt. Die Autorin kommt zu dem Schluss: „Gerade weil keine verschiedenen Nutzungen hinter großen Quadraten egalisiert werden mussten, sondern es galt, ein neutrales Gehäuse perfekt zu ummanteln, hat Ungers ein ganz lauteres Bauwerk geschaffen."[11]

Einer der insgesamt sechs Eingänge ins Innere der Friedrichstadt-Passagen.

FRIEDRICHSTADT-PASSAGEN: QUARTIER 205

Berlin-Mitte, Friedrichstraße/Ecke Mohrenstraße
1993 mit Karl-Heinz Winkens und Sebastian Klatt

Das Quartier 205, bekannter unter dem Namen „Friedrichstadt-Passagen", ist eine Kombination aus Bürohaus und Einkaufspassage. Der Komplex nimmt den gesamten Block zwischen Friedrichstraße und Gendarmenmarkt ein. Der Block 205 ist der südlichste des von drei unabhängigen Investoren finanzierten Passagen-Projekts und besaß das größte Bauvolumen der drei Blöcke. Die beiden anderen, die Quartiere 206 und 207, wurden von den Amerikanern Ieoh Ming Pei und Henry Cobb beziehungsweise vom Franzosen Jean Nouvel entworfen. Die Gebäude sind durch eine unterirdische, parallel zur Friedrichstraße verlaufende Passage miteinander verbunden, in ihrer Architektur aber völlig unterschiedlich. Schon die Planer des Ost-Berliner Magistrats waren im Begriff, an dieser Stelle unter dem Namen „Friedrichstadt-Passagen" ein Einkaufszentrum zu errichten. Ein im Rohbau fertig gestelltes Gebäude wurde zugunsten des neuen Projektes wieder abgerissen.
Für Oswald Mathias Ungers bedeutete es eine Aufgabe von besonderem Gewicht, an dieser Stelle Berlins zu bauen: Am „preußischsten" der Berliner Plätze, in unmittelbarer Nachbarschaft von Deutschem und Französischem Dom und beinah „Rücken an Rücken" mit dem Schauspielhaus des von ihm verehrten Karl Friedrich Schinkel. Berühmt wurde der Gendarmenmarkt durch sein klassizistisches Gleichmaß, die eindrucksvolle Freitreppe des Schauspielhauses und die anmutige Symmetrie der von Martin Grünberg und Karl von Gontard entworfenen Kirchen. Es galt, dieser vom Krieg arg ramponierten Platzanlage an der Westseite einen neuen Abschluss zu geben.
Auf der anderen Seite des Blocks verläuft die Friedrichstraße, die nicht für das klassizistische Berlin steht, sondern eher die geschäftige Metropole des 20. Jahrhunderts repräsentiert. Dieser Gegensatz war Ausgangspunkt für Ungers' Idee, die Passage zu einem „Zeitfenster" vom 20. ins 18. Jahrhundert zu machen. Die ersten Entwürfe sahen vor, eine nach oben verglaste Passage als tiefen Einschnitt quer durch den Block zu legen. Von der Friedrichstraße aus gesehen sollte sie einen direkten Blick auf den Turm des deutschen Doms erlauben. Ungers' Idee war es, den Berlinern der Gegenwart einen fokussierten Blick auf den Glanz der klassizistischen Ära um 1800 zu erlauben, indem man die bauliche Differenz von 200 Jahren durch den Block hindurch als Zeitschneise inszeniert.[12] Dieses Konzept war mit dem vom New Yorker Investor Tishman-Speyer-Properties gewünschten Nutzungsprogramm jedoch unvereinbar. Das schließlich umgesetzte achtgeschossige Gebäude vermittelt das Bild von Einzelhäusern, jedoch in abstrahierter Form. Die sechs entlang der Längsachse großmaßstäblich aus dem zentralen Baukörper hervortretenden Gebäudekuben werden als kleinere Gebäude aufgefasst, in deren Mitte ein großes, von der Straße zurücktretendes Haus eingeschoben ist.

Alle hervortretenden Flügel sind durch eigene Eingänge erschlossen und in den Etagen flexibel teilbar. Der bis in das Tiefgeschoss des Hauses reichende interne Lichthof ist das Herzstück des Hauses. Er umfasst vier Etagen und wird beherrscht von einer aus gepressten und geschichteten Straßenkreuzern geformten Stele des amerikanischen Künstlers John Chamberlain. Unter der Passage ist in zwei Tiefgeschossen Platz für 500 Autos. Aus den Apartments unterm Dach genießt man eine fabelhafte Aussicht auf Berlin-Mitte.

Indem Oswald Mathias Ungers mehrere niedrige Kuben mit einem dominierenden, leicht zurückversetzten Baukörper verbindet, collagiert er den Typus eines monolithischen Geschäftshauses spielerisch mit dem des gereihten Hauses im Berliner Block. Die Schnittpunkte zwischen den niedrigeren, die Blockkante besetzenden Gebäudehüften und dem deutlich zurückversetzten Hauptbau werden durch horizontale und vertikale Staffelung des Baukörpers betont, was vor allem den Eckpartien eine starke plastische Wirkung verleiht. Andererseits wird die Hauptfassade vom gleichmäßigen Raster egalisiert, auch ihre Ecken erfahren keine Betonung – es herrscht eine strikte Gleichbehandlung architektonischer Elemente, die man als Referenz an den Rationalismus der Schinkel-Schule deuten kann. Auch die deutliche Rückstaffelung der oberen drei Etagen geschah aus Respekt vor den Proportionen des Schauspielhauses. Wie dieses sollten auch die Friedrichstadt-Passagen zunächst eine Sandsteinfassade erhalten. Um den gewünschten Hell-Dunkel-Kontrast innerhalb der Fassadenmaterials zu erzielen, griff man jedoch auf Kalkstein zurück.

Das Haus wird von quadratischen, bündig in die Fassade eingelassenen Fensterkreuzen gegliedert. Lediglich das Mezzaningeschoss erhielt stehende Fenster. Die großformatigen Fensterkreuze der Hauptfassade werden von Bändern aus sandfarbenem Kalkstein gefasst.

Das eigentlich Charakteristische des Hauses ist jedoch der Anblick der einander überschneidenden und sich durchdringenden kubischen Großformen, die im Wechsel horizontaler und vertikaler Staffelung plastische Dramatik erzeugen. Wandert man um das Haus, verbinden sich die Aufbauten und die vor- und rückspringenden Partien des Gebäudesockels zu einem mit jedem Schritt wechselnden Bild einander überlagernder Rasterfelder; Vordergrund, Mitte und Hintergrund gehen ineinander über.

1 Aus einem Beitrag von Oswald Mathias Ungers über Mies van der Rohes Neue Nationalgalerie in dem Buch: Architektur in Berlin – das XX. Jahrhundert, Köln 1999, S. 74.
2 Martin Kieren: Oswald Mathias Ungers, Zürich/London 1994, S. 214.
3 Martin Kieren, a.a.O., S. 70.
4 vgl. hierzu Heinrich Klotz: O. M. Ungers – Bauten und Projekte 1951–1984, Braunschweig 1985, S. 186.

5 Unter anderem entstanden 1979 für einen Wettbewerb im pfälzischen Landstuhl Entwürfe für Solar- und Erdwallhäuser. Im Zusammenhang mit dem Wettbewerb beschäftigte sich Ungers intensiv mit der Entwicklung innovativ organisierter Haustypen. Vgl. hierzu: Heinrich Klotz, a.a.O., S. 174 ff.
6 Paul Sigel in: Martin Wörner/Doris Mollenschott: Architekturführer Berlin, Berlin 2001, S. 132.
7 Quelle: Gespräch des Verfassers mit Prof. Karl-Heinz Winkens im September 2003.
8 Falk Jaeger: Architektur für das neue Jahrtausend – Baukunst der neunziger Jahre in Berlin, München 2001, S. 80.
9 Paula Winter: Die Neuen Messehallen am Funkturm, in: Bauwelt Annual 1998, Basel/Berlin 1998, S. 106.
10 Falk Jaeger, a.a.O., S. 126.
11 Paula Winter, a.a.O., S. 106
12 Quelle: Gespräch des Verfassers mit Prof. Karl-Heinz Winkens im September 2003.

Der interne Lichthof des Quartiers 205, Blick aus dem Parterre ins Untergeschoss. Die Stele ist ein Werk des amerikanischen Künstlers John Chamberlain und besteht aus gepressten Autokarosserien.

Ein Sommernachmittag in Köln. Das Atelier von Oswald Mathias Ungers in Köln-Müngersdorf ist von ausklingender Betriebsamkeit bestimmt. Der Architekt steht mit seinen Mitarbeitern auf der Terrasse; die kurze Kaffeepause geht zu Ende. Neugierig beschnuppert der Hund des Architekten die Besucher. Ungers führt die Gäste in seine Bibliothek, einen zwei Etagen hohen, quadratischen Saal, in dem er einige tausend Architekturbücher aufbewahrt. In der rückwärtigen Wand der Bibliothek befinden sich zwei Nischen, die von oben durch reflektiertes Tageslicht sanft beleuchtet werden. In der linken Nische steht auf einem Sockel eine Büste von Karl Friedrich Schinkel, in der rechten ein Gipsmodell des Museumsentwurfs von Étienne Louis Boullée, dem bekanntesten der französischen Revolutionsarchitekten – ein palastartiger Bau mit kugelrunder Kuppel.
Im Verlauf von anderthalb Stunden kann man beobachten, wie sich das Licht auf der Boullée'schen Architektur-Phantasie und dem Haupt des preußischen Baumeisters verändert. Je später es wird, desto stärker hebt der Schein der sinkenden Sonne die Züge Schinkels hervor, seinen ausdrucksvollen Mund und die entschlossene Stirn.

Oswald Mathias Ungers über die wesentlichen Dinge der Architektur, die Bedeutung der Antike für sein Bauen, die Schwierigkeiten beim Überbauen eines Dreiecks, die zweifelhafte Gegenwart Berlins und die Eigenheiten seines Eifeler Stamms, der Treverer.

Herr Professor Ungers, was bewog Sie, mit den Dorotheenhöfen an die Struktur der Berliner Bebauung aus Block und Hof anzuknüpfen?
Wir haben versucht, die bestehende Substanz einzugliedern in eine Struktur, die so selbstverständlich aussieht, als ob sie schon immer da sei. Die also nicht gegen das Vorhandene, sondern mit dem vorhandenen Material arbeitet.
Die Vorgabe war in diesem Fall der Berliner Baublock. Er besteht aus Einzelparzellen, deren Bebauung in geringfügiger Weise variiert. Das einzelne Haus erlangt also schon seine eigene Identität nach außen, im Sinne einer eigenen Fassade, mit der die innere Struktur der Häuser übereinstimmt.

Die Anknüpfungspunkte, die die zwei Bestandsbauten anbieten, kann man von der Straße aus nicht sehen – Sie hätten die Struktur des Blocks also auch ganz anders planen können …
Ich fasse entwurfsmäßig meine Gebäude nicht induktiv auf, wie das die

meisten Architekten tun, also im Sinn eines Entwerfens als Hinzufügen. Da entwickelt man eine Idee, feilt sie aus und legt sie über ein Gelände. Meine Architekturauffassung ist eine deduktive: Das heißt, die aus dem Kontext entwickelte Grundidee wird immer weiter in die situativen Gegebenheiten eingepasst.
Ich gehe also nicht nur von einem gedanklichen, sondern von einem realen Raster aus – was bedeutet, dass wir bei den Dorotheenhöfen die vorgefundene Situation in ein strukturelles Raster übersetzt haben.

Diese Homogenität des architektonischen Grundmusters bedingt aber auch eine begrenzte Variationsbreite – hatten Sie keine Furcht vor Monotonie?
Der Spielraum ist ja – wenn man sich darauf festlegt, dass man eine Lochfassade macht – an sich nicht sehr groß. Das können Sie auch bei großstädtischen Anlagen wie dem Champs-Élyssées in Paris oder in Berliner Straßen sehen: Die Lochfassade als Grundstruktur bestimmt dort das Bild und innerhalb dieser Fassade besteht ein gewisser Spielraum – ein völliges Aufreißen der Fassade schließt er aus.

Es ist also die Variation eines Themas ...
Die Variation geht allerdings nicht so weit wie bei dem Block von Aldo Rossi in der Schützenstraße, wo sie verschiedene Stile einschließt, wir also auf einen imitierten Barockstil oder ein Renaissancestil stoßen. Es bleibt ein modernes Haus.

Eine gegenüber der zeitgenössischen Geschäftshausarchitektur gerne geäußerte Kritik ist, dass man Häusern, die konstruktiv aus einem Guss sind, lediglich unterschiedliche Fassaden vorhänge. Es war von „Kostümierung" die Rede. Bilden die Dorotheenhöfe diesbezüglich eine Ausnahme?
Es wurde nicht kostümiert. Vielmehr wurden verschiedene Möglichkeiten einer Lochfassade durchgespielt. Ich würde dann schon eher sagen: Wenn wir stilistische Variationen gemacht hätten, lauter verschiedene Materialien, dann wären wir zu einer Kostümierung gekommen. Wenn man also jede Fassade zu einem dramatischen Event werden lässt. Das war nie die Absicht. Wir wollten schon einen homogenen Block.

Beim traditionellen Berliner Geschäftshaus besteht eine klare Teilung zwischen Erdgeschoss und einem Mezzaningeschoss einerseits und den darüber liegenden Geschossen andererseits. Diese Hervorhebung ist bei den Dorotheenhöfen nur angedeutet – weshalb?
Es ist ja bekannt, dass ich von meiner ganzen Auffassung her minimalistisch eingestellt bin und nicht zu Übertreibungen neige. Natürlich hätte man übertreiben und Bossenmauerwerk darüber legen können, hätte es figurativ gestalten können. Ich versuche dagegen, den traditionellen Fassadenaufbau mit minimalistischen Mitteln darzustellen. Es gibt bei den Häusern Sockelzone, Mittelzone und Dachzone, aber eben nur sehr zurückhaltend, sehr gedämpft.

Was verbindet das Projekt mit den Friedrichstadt-Passagen am Berliner Gendarmenmarkt?
Gar nichts. Denn am Gendarmenmarkt bestand ja die Möglichkeit, einen Block als Ganzes zu gestalten. Und der Auftraggeber wollte, anders als bei den Dorotheenhöfen, keine einzelnen Häuser. Er wollte möglichst eine Maximierung der vermietbaren Flächen und zwar in verschiedene Größen und Einheiten. Das ergab die Möglichkeit, einen ganzen Block als Einheit zu planen – was ich als eine Chance betrachtet habe. Das ist ja nun wirklich eine Großstruktur, die über den Block gelegt ist, obwohl sie ja in ihrer Differenzierung noch immer eine gewisse Assoziation zu einzelnen Häusern besitzt, zum Beispiel in Form der Vor- und Rücksprünge.

An Ihren frühen Arbeiten fällt die starke, fast skulpturale Gliederung der Baukörper auf. Bei den Dorotheenhöfen und anderen jüngeren Bauten ist die Fassade dagegen flächig. Wie kommt es, dass Sie die räumliche Durchdringung von Innen und Außen zugunsten geschlossener Flächen aufgegeben haben?
Es stimmt, die Arbeiten aus den fünfziger Jahren sind sehr skulptural. Sie überwogen anfangs. Gleichzeitig, das können Sie durch mein Werk verfolgen, gab es die Tendenz zu einer großen Abstraktion. Und was die Häuser der jüngsten Zeit angeht, wie mein zweites eigenes Haus von 1996: Das ist ja nun reine Abstraktion. Deshalb ist es aber nicht weniger skulptural! Unter „skulptural" fast ausschließlich das zu verstehen, was lebhaft vor- und zurückspringt, ist sehr bürgerlich, sehr vereinfacht. Es gibt die wunderschönen Skulpturen von Constantin Brancusi, Barnett Newman oder Sol LeWitt, ganz reduzierte Figuren – und deshalb nicht weniger bedeutende Skulpturen.

Die Auflösung in wenige große Flächen und Fenster, die bündig in der Fassade sitzen, ist Teil dieses Abstraktionsprozesses ...?
Ja. Die Wandfläche wird als großflächiges Element sehr betont, sie tritt bevorzugt auf, verglichen mit den sich verzahnenden Körpern oder Gesimsen. Das ist Teil einer persönlichen Entwicklung. Als ich die sehr plastischen Dinge gemacht habe, da war ich um die dreißig. Jetzt bin ich 77, und jetzt interessiert mich die Abstraktion, das Reduzieren mehr als das Hinzufügen. Da ist für mich Sol LeWitt vorbildlich, mit seinen ganz einfachen Körpern, die einen hohen Grad an Plastizität haben. Aber es hat nicht dieses expressive, sondern gefühlsmäßig eine höhere Ebene, einen höheren Grad der Vergeistigung. Der liegt in all den Möglichkeiten des Weglassens, darin, sich nur noch auf die wesentlichen Dinge zu konzentrieren. Aber wenn ich das genau erläutern sollte, müsste ich eine viel längere Erklärung geben; damit würde ich Sie überfordern.

Wie wirkt sich das quadratische Fenster bei so einer Fassadenproportion gegenüber stehenden Fenstern aus?
Das hat bei mir viel weniger mit Ideologie zu tun, als mancher vielleicht

„Berlin ist wie ein großes Theater. In Berlin wurde ungeheuer viel zum ersten Mal ausprobiert. Die Widersprüchlichkeit ist gerade das Interessante an der Stadt. Auch deshalb fand ich die Diskussion so albern, ob die Berliner Architektur nun steinern sein solle oder nicht."

denkt. Sie setzen sich also hin, denken an das Haus und versuchen verschiedene Fassadenmöglichkeiten – dabei fließt immer ein gewisses spielerisches Element mit ein.
Das quadratische Raster bringt viel mehr Ruhe in eine Fassade, es zielt auf die gleichmäßige Gewichtung aller vertikalen und horizontalen Elemente. Wenn Sie die Fassaden als einzelne betrachten sind sie ja, wenn ich das sagen darf, sehr schön!
Das Haus Bellevue zum Beispiel hat für meine Begriffe eine wunderschöne Fassade – weil sie ausgewogen ist. Aber auch die des Eckhauses [Verband der Cigarettenindustrie]. Sie ist anders, viel ruhiger. Ihre horizontalen und vertikalen Bänder sind unterschiedlich, dafür sind die Fenster quadratisch. Das heißt, sie wiegen die Unterschiede wieder auf durch ihre Proportionalität. Also: Es gibt eine kompositorische Dialektik. Diese dialektische Sprache wird aber nicht a priori eingesetzt, sondern entsteht in der Anschauung der Dinge, im Abschätzen ihrer Wertigkeit.

Vor allem in den letzten Jahren wird das Entwerfen im Quadrat mit Ihrer Architektur in Verbindung gebracht – zu Recht?

Das ist eine große Dummheit! Was soll ich sagen … natürlich hat das Quadrat eine besondere Bedeutung für meine Arbeit. Warum? Die Höhe ist gleich der Breite und damit ist es die ausgewogenste Form. Weil sie so ausgewogen ist, kann man mit ihr sehr frei hantieren. Man kommt nicht, wie bei einer unbestimmten rechteckigen Form, ins Grübeln, weil man Breite und Höhe immer wieder neu entscheiden muss. Denn die Formfindung hängt auch von der Stimmung ab, in der jemand gerade ist.
Beim Quadrat schalten Sie die Stimmungen aus. Dafür schalten Sie die Ratio ein. Und Sie können auf dem Feld, das das Quadrat setzt, einen unglaublichen Reichtum an verschiedenen Möglichkeiten durchspielen. Wie beim Schachspiel. Auf einem rechteckigen Feld kann man kein Schach spielen … stellen Sie sich vor, Sie hätten da Rechtecke …
Um die Neutralität des Spielfelds zu wahren, auf dem Sie einen ungeheuren Variantenreichtum genießen, ist das Quadrat der Grundton, mit dem gespielt wird. Jedenfalls greift es zu kurz, zu sagen: Der Mann macht lauter Quadrate. Er macht auch Rundungen. Er macht aber immer geometrisch bestimmbare Formen.

Formen, die etwas breiter oder höher als ein Quadrat sind, wirken manchmal besonders reizvoll. Würden Sie dem widersprechen?

Nein. Aber für dieses Spiel mit Variationen des Rechtecks brauchen Sie erst einmal ein Grundraster. Ohne jede Absicherung geht es nicht. Natürlich kann man die Flächen verteilen, wie es einem in den Sinn kommt – hier mal ein kleines, da mal ein großes Feld. Ich weiß, das ist die heutige Layout-Methode. Mich macht das ganz verrückt. Wenn Sie Layouts machen, haben Sie mit den gleichen Problemen zu tun, wie mit einer Fassade: Es geht um Ausgewogenheit, Klarheit und Stimmung. Es ist also nichts beliebig. Und bei jeder Fassade müssen Sie berücksichtigen, was dahinter ist – na, jedenfalls manchmal [lacht]. Oft können Sie es auch überspielen und Blindfester einsetzen. Das ist durchaus legitim, Schinkel hat das auch gemacht.

Beim Entwerfen frei zu komponieren ist Ihnen also suspekt?

Ich komponiere ja auch. Aber ich komponiere mit einem Grundthema. Ich mache ja nicht sturweg immer das gleiche. Bei mir ist das Quadrat kein Selbstzweck. Es ist ein Hilfsmittel. Manchmal zeige ich es voll, dann aber wieder nicht.
Die Bedeutung des Quadrates hat sich für mich wieder reduziert in den letzten Jahren.

„9 Pyramids on a 9-Part Grid", eine Plastik Sol LeWitts aus dem Jahr 1991.

Meinem neuen Kölner Wohnhaus, das wir 1996 gebaut haben, liegt ein quadratisches Raster zugrunde. Aber man sieht im Haus nirgendwo ein Quadrat.

Das Material spielt, wie es scheint, bei den Dorotheenhöfen als verbindendes Element eine wesentliche Rolle?
Ja. Die Bandbreite reicht vom Kalkstein bis zum Ziegel, ist also schon

groß. Diese schrecklichen Granitmaterialien wollten wir nicht. Ziegel ist ein gebrannter Stein, ein Tonstein, also eher wohnlich. Und natürlich ruft Mauerwerk in Berlin mehr historische Assoziationen hervor als Kalkstein. Der wiederum ist ein sehr großstädtisches Material. Die Häuser am Champs-Élysées in Paris sind alle in Kalkstein errichtet.

Wann begann Ihre Sammelleidenschaft für antike Architekturbücher und Pläne?
Die Bibliothek habe ich seit den fünfziger Jahren aufgebaut. Meine Frau Liselotte und ich konnten unsere Bücher zur Architektur nur deshalb so problemlos schreiben, weil alles Material im Haus war. Mittlerweile ist das eine Architekturbibliothek, die man so nicht wieder zusammentragen könnte. Wir haben sie in eine Stiftung verwandelt, das „Ungers-Archiv für Architekturwissenschaften". Es steht Wissenschaftlern offen, die an architekturtheoretischen Themen arbeiten. Die Stiftungssatzung legt fest, dass die Sammlung auch in Zukunft zusammenbleibt, und nicht unter den Hammer kommt, um für den Erlös Ferraris zu kaufen.

Sie sind in der Eifel groß geworden. Wie hat die Jugend in der Eifel Ihr Leben und Ihre Arbeit beeinflusst?
Ich bin Treverer. Das sind die Germanenstämme, die um Trier wohnen. Tacitus hat Cäsar vor den Treverern gewarnt. Er hat ihm gesagt, die Treverer seien eigensinnig, dickköpfig und schwer zu behandeln. Es gab damals oft Schwierigkeiten mit den Treverern. Das nur als Episode. Ich fühle mich stark verbunden mit dem römischen und mittelalterlichen Trier und mit der römischen Tradition der Eifel. Ich bin in einer mittelalterlichen Stadt groß geworden, in Mayen. Da lagen Stadttore, römische Reste, Burgen mit runden Türmen, mit quadratischen Bergfrieden an meinem Schulweg. Ich bin gleich neben einem Römerturm geboren.

Der Umgang mit der römischen und mittelalterlichen Architektur war für mich also existenziell. Vor Beginn meines Studiums, im Sommer 1947, war ich ein paar Wochen lang im Kloster Maria Laach in der Eifel. Da habe ich bei der Umsetzung einer Altarbekrönung geholfen. Wir haben sie untersucht und vom Westchor in den Ostchor der Klosterkirche umgesetzt, wo sie ursprünglich stand.
Dort bin ich mit der wunderbaren benediktinischen Strenge und Klarheit, mit dem benediktinischen Logos konfrontiert worden. Die Tradition dieser Architektur prägt bis heute mein ganzes Denken in Volumen, in Materialität.
Und deshalb sehen meine Bauten so aus – sind alle steinern, haben feste Mauern mit rechteckig ausgeschnittenen Löchern! Das ist meine Umgangssprache!

Das klingt fast, als ob Ihnen die geistige Welt der Antike oder Renaissance näher steht als die der Moderne?
Ganz so ist es nicht [lacht]. Ich bin schon noch mit beiden Füßen in der Gegenwart. Was aber zutrifft: Mit der römischen und frühmittelalterlichen Geistesgeschichte kann ich mich stark identifizieren. Je älter ich geworden bin, desto mehr. So sehr, dass ich, selbst wenn ich wollte, sie

Links: Städtisches Wohnhaus in der Aachener Straße, Köln 1958. Rechts: Oswald Mathias Ungers' eigenes Wohnhaus in der Belvederestraße in Köln-Müngersdorf 1958/59.

„Der Weg zur Abstraktion ist Teil einer persönlichen Entwicklung. Als ich die sehr plastischen Gebäude gemacht habe, da war ich um die dreißig. Jetzt bin ich 77, und jetzt interessiert mich die Abstraktion, das Reduzieren mehr als das Hinzufügen."

nicht ablegen könnte! Weil diese Architektur für mich eine frühe, sehr persönliche Erfahrung war – und nicht bloß eine Episode, wie bei anderen, die sich mal eine Zeit lang an historisierenden Stilübungen erproben.

Ich habe mir vor einigen Jahren in der Eifel ein Landhaus gebaut, das ist nichts anderes als eine römische Villa. Eine Villa, nicht urbana sondern rurala. Da liegen die Wurzeln, da liegt die Tradition. Das ist die unbewusste Grundlage meiner Arbeit.

Was muss man diesem ländlichen Bauverständnis hinzufügen, wenn man in einer Stadt wie Berlin baut, die von Stilpluralität bestimmt ist und in der keine christlich-römische Prägung existiert?

Man muss natürlich eine gewisse Neugierde auf die Stadt mitbringen. Was für mich aber wichtiger war als die Begegnung mit Schinkel und der Architektur Preußens, war die Konfrontation mit den französischen Revolutionsarchitekten um 1800, die sehr intellektuell und urban waren – Boullée, Ledoux und andere.

Die Begegnung mit dem preußischen Klassizismus war eher der Kontrast zu dem Eifeler Erlebnis, zum Kloster Maria Laach. Aber nicht als Gegensatz von städtisch oder ländlich. Maria Laach ist ja in seiner Anlage und dem architektonischen Duktus nach ein in höchstem Grade urbaner, intellektueller Ort. Daran bräuchte man also nichts zu verändern, wenn man es in die Stadt versetzt – weil diese Auffassung von Raum, Material und Ornament schon urban ist. Das Kloster ist ja eigentlich, wenn man so will, eine Stadt im Kleinen, mit seinen Mauern, den vielen Eingängen und Türmen.

Als jemand, der eher von der Eifel und dem Rheinland geprägt ist, muss Ihnen Berlin, das Preußische, doch eigentlich fremd sein?

Ja, das ist auch so.

Woher rührt dann Ihre Affinität zu Berlin?

Ganz eindeutig aus dem Klassizismus. Wenn es überhaupt eine große Zeit in Berlin gab, dann war es die des Klassizismus und seiner philosophisch-geistigen Haltung, verbunden mit Hegel und Schopenhauer. Man muss auch an Schinkel und Humboldt denken. Der humanistische Geist behauptete sich in dieser Phase sonst nirgendwo in dieser Dichte. Nun, das war eine Blütephase. Der Berliner an sich, denke ich, liebt seinen Schrebergarten mehr als seine großen Philosophen.

Und das 20. Jahrhundert?

Das war insofern interessant, als es die verschiedenen Bestrebungen und Strömungen aufgenommen hat wie ein Schwamm. In diesem Sinne könnte man sagen, Berlin ist eklektizistisch.

Es ist wie ein großes Theater. In Berlin wurde ungeheuer viel zum ersten Mal ausprobiert. Die Widersprüchlichkeit ist gerade das Interessante an der Stadt. Auch deshalb fand ich die Diskussion so albern, ob die Berliner Architektur nun steinern sein solle oder nicht. Natürlich ist es falsch zu sagen: Man darf hier nur in Stein bauen. Eine solche Ausschließlichkeit widerspricht der Tradition Berlins vollständig!

Man kann es – jetzt werde ich wieder philosophisch und komme auf meinen Treverer Landsmann Nikolaus von Kues – mit dem Begriff der coincidentia oppositorum fassen, mit dem Zusammenfallen der Gegensätze. Das ist Berlin, nicht die Einheitlichkeit. Man kann deshalb in Berlin nicht alles in Blockstrukturen fassen. Daher sind meiner Meinung nach die Pläne, die nach der Wende gemacht wurden, falsch. Eine Metropole besteht aus Widersprüchen. Deshalb ist die Diskussion über Traufhöhen, über Glas oder Stahl oder Stein irrelevant.

Das Ensemble aus Trierer Dom und Liebfrauenkirche in einer frühen Zeichnung von Oswald Mathias Ungers, Blick in den Klosterhof.

Wann sind Sie das erste Mal nach Berlin gekommen?

Das war ein ganz großes Erlebnis, es war in der Blockadezeit, also 1947. Diese Tage sind mir in lebhafter Erinnerung. Das Gebiet des heutigen Kulturforums, auch die südliche Friedrichstadt war völlig zerbombt und trotzdem – oder gerade deshalb – faszinierend. Ich erlebte das an einem etwas trüben Herbstmorgen. Alles war still. Nur der Geruch des Mörtels aus den gebrochenen Mauern lag in der Luft. Und da standen nun Fragmente … aber Fragmente riesiger Blöcke! Man sah stehen gebliebene Brandwände, siebzig Meter und länger. Überall nur noch Mauern und Fensterhöhlen, aber sie standen da wie Schlösser, wie gewaltige Anlagen! Zwischen den zerbombten Bereichen blieben riesige Reststücke stehen, einzelne Blocks oder Häuser, die unabhängig voneinander auf einer quasi freien Ebene standen. Jedes Fragment eine Stadtinsel für sich. Das brachte mich auf den Gedanken von der „Stadt in der Stadt", dem ich später ein Buch widmete. Sein Thema ist, dass jede Stadt aus einzelnen, in sich selbst heterogenen Elementen besteht und wie ein Archipel, eine Inselgruppe zu verstehen ist.

1947 haben Sie in Karlsruhe Ihr Studium angetreten, und dort bis 1950 studiert. Sie haben nicht gerade gebummelt …

Ja, das war kurz, es waren acht Semester. Na, man muss sich das vorstellen: Wir kamen aus dem Krieg und hatten in der Gefangenschaft schon ein, zwei Jahre verloren. Ich wollte möglichst schnell die akademischen Pflichten hinter mir lassen, wollte zum Bauen kommen.

Ihre erste Professur erhielten Sie 1963 an der Technischen Universität Berlin. Einige Ihrer Schüler sagen, Sie hätten dort die Lehre grundlegend umgekrempelt.

Das kann man schon behaupten. Zum einen ging es um die Entwurfsmethodik. Sie versteht den Entwurf als disziplinierte Weiterentwicklung einer zu Beginn formulierten Hypothese. Die wichtigste Innovation war aber inhaltlicher Art, das waren die stadtbezogenen Projekte. Bis dahin hatten Entwurfsprojekte beispielsweise ein Klubhaus am See zum Thema, oder ein Haus für einen Maler – isolierte Bauten also. Ich habe eingeführt, dass wir nur Projekte innerhalb der Stadt machen. Berlin bot ja ein reichhaltiges Betätigungsfeld, wo man alles exemplarisch vorfinden konnte. Beim Entwurf hieß es, darauf zu achten, ob ein Gebäude in einem bestimmten Kontext Sinn macht. Es war also ein von vorneherein städtebauliches Verständnis von Architektur. Außerdem ging es mir darum, eine zeitgemäße Auffassung von Rationalismus in der Lehre zu etablieren.

Damit bildeten Sie zweifellos den Gegenpol zu ihrem Professoren-Kollegen Hans Scharoun …

Ja, das stimmt. Allerdings wurde Hans Scharoun kurz nach meiner Berufung emeritiert. Aber wir haben uns öfter getroffen und ich schätzte ihn als Architekt, obwohl ich seine expressionistischen Obsessionen schlecht nachvollziehen konnte. Das war innerhalb der Hochschule auch bekannt. Recht bald bildeten sich dann in Berlin das Scharoun-Lager und das Ungers-Lager, das eine war expressiv, das andere rational. Aber wir haben das nie als persönlichen Gegensatz aufgefasst.

Verfolgen Sie die Arbeit Ihrer Studenten von einst?

Teilweise sehr intensiv. Zu einigen bestehen noch enge Kontakte, getragen von einem sehr erfreulichen intellektuellen Austausch. Das heißt, wir schicken uns gegenseitig Pläne von aktuellen Arbeiten und sprechen am Telefon über Projekte. Zum Beispiel mit Max Dudler. Dessen Arbeit finde ich sehr gut, ebenso die von Walter Noebel. Kollhoffs Projekte gefallen mir teilweise sehr gut. Wenn er die Historie mal durchdekliniert hat, wird er sicher immer besser. Auch Axel Schultes war als Student bei mir. Ich will mich aber nicht zu Kollegen äußern, womöglich mit der Haltung: Ich weiß wie es geht, und die wissen es nicht und so weiter.

Was ich nicht mehr so gut beurteilen kann, sind die Jüngeren – die nun anscheinend anfangen, einen Dekorativismus zu entfalten.

Links: Kreuzgang des Klosters Maria Laach in der Eifel. Die zwischen 1120 und 1235 entstandene Anlage ist ein Höhepunkt der rheinischen Romanik. Rechts: Architektur als Landmarke – das spitz zulaufende Bürohochhaus am Potsdamer Platz entstand in den Jahren 1994–1999 nach Plänen von Hans Kollhoff.

„Ich weiß, es wird wieder mit plastischen Elementen gearbeitet … einige kehren sogar zu antiken Motiven zurück. Wenn solche Differenzierungen bei mir ins Spiel kämen, würde das nie eine wirkliche Säule sein, sondern höchstens ihre Abstraktion."

Sie entdecken das Ornament wieder – z.B. bei den Neubauten am Leipziger Platz. Könnten Sie sich vorstellen, die Fassade eines Gebäudes zu ornamentieren?
Nein, das kann ich nicht! Ich weiß, es wird wieder mit plastischen Elementen gearbeitet … einige kehren sogar zu antiken Motiven zurück. Wenn solche Differenzierungen bei mir ins Spiel kämen, würde das nie eine wirkliche Säule sein, sondern höchstens ihre Abstraktion; oder ein Pilaster – in jedem Fall also eine stark abstrahierte Form, die nur die Assoziationen zu einem historischen Ornament weckt. Es aber direkt einzusetzen, käme nicht in Frage – es sei denn, in sehr zurückhaltender Weise, wie am Haus Bellevue: Eigentlich ist die Fassade ja stark ornamentiert, nur eben nicht expressiv. Das ist ein Ornament, das aus dem Material, der Art der Ziegelverbände rührt. Es ist also kein Disneyland-Ornament, sondern nur strukturell. Ich kann die Tendenz, Häuser wieder mit historischen Ornamenten zu versehen, nicht gutheißen. Aldo Rossi zum Beispiel hat für seinen Block in der Schützenstraße ja tatsächlich eine Alberti-Fassade verwandt. Also, wenn das bestimmend wird für das Bauen der nächsten Jahre, kann das zu einer völlig verkitschten Architektur führen. Rossi beherrschte das natürlich, das ist keine Frage. Aber der Grad zwischen einer Allegorie und dem Kitsch ist ganz schmal, da muss man aufpassen.

Und das heutige Berlin?
Na ja, mittlerweile bekommt Berlin so einen Event- und Abenteuercharakter, der passt mir nicht sehr. Das Geistige hat in Berlin seine Geltung verloren, das Gefüge geistigen Austauschs funktioniert nicht mehr richtig.
Das liegt sicher auch am Bruch der Mauerzeit, dem geistigen Aderlass nach der Teilung Berlins. Dann die Jahre der Spekulationsblasen … ich habe da in der Baubranche Leute groß werden sehen … als sie genug Geld aufgehäuft hatten, trugen sie den Nerzmantel nach außen gewendet durch die Stadt und gaben große Kaviar-Essen … was ich meine, ist dieses Parvenühafte. Davon will ich nichts mehr wissen.

War das nicht eher eine vorübergehende Spezifik des damaligen West-Berliner Milieus?
Ein paar Figuren gab es in West-Berlin damals immerhin auch, die geistig ganz anders gelagert waren. Nicht nur Parvenüs.

Können Sie es nachvollziehen, dass – Stichwort „Berliner Architekturstreit" – einige Ihrer Kollegen die Vorgaben des Berliner Senats als Behinderung ihrer gestalterischen Freiheiten wahrnehmen?
Nein. Das war eine reine Polemik. Ich kann verstehen, dass jemand eine Glasfassade machen will, innerhalb einer Steinfassade, aus dialektischen Gründen. Das könnte mir auch passieren. Nur kann ich so etwas doch nicht ideologisch entscheiden.

Rechts: Das Abwasser-Pumpwerk in Berlin-Moabit, fertig gestellt im Jahr 1987.

Würden Sie darauf bestehen, dass städtische Architektur steinern sein soll?

Die alten Metropolen wie Mailand, Paris oder Lissabon bestehen ja alle aus steinernen Fassaden und nicht aus gläsernen Vorhangfassaden. In New York ist es etwas anders, aber selbst Mies van der Rohe baute ja am Seagram-Building keine Vorhangfassade in Glas. Es ist ein Stütze-Last-Gebäude, ganz klassisch, wie sich das gehört, nur eben verglast. Diese Häuser sind deshalb nicht weniger städtisch als eine Steinfassade. Aber wenn man sich die futuristischen Städte ansieht, wie etwa die Bürostadt La Defense in Paris, wo sehr viel mit Vorhangfassaden aus Glas gearbeitet worden ist, so finde ich, das sind Plätze, die mittlerweile eine verminderte Identität haben. Zwischen diesen Glasfassaden liegt kein Raum, der eine materiell erfahrbare Grenze hätte.

Man kann die Frage von Stein oder Glas nicht pauschal beurteilen. Ich finde nur: Wenn Glas ohne Struktur verwandt wird, als reine Glasfläche, anonymisiert es die Umgebung, vermittelt nur noch ein eigenartiges Gefühl technischer Perfektion, aber dazwischen entsteht kein urbaner Raum mehr.

Es kommt also nicht alleine auf das Material, sondern auch auf seine Gestaltung an.

Deshalb fand ich den Berliner Architekturstreit – so formal, wie er geführt wurde – überflüssig. Offenbar müssen die Kritiker immer Gegensatzpaare konstruieren, an denen sie dann die Möglichkeiten des Schreibens abarbeiten können.

Viele Kollegen aus der mittleren und jungen Architektengeneration arbeiten heute bevorzugt mit sehr dynamischen, organischen Formen …

Mit den organischen Formen hatte ich immer meine Probleme. Ich halte mich dann lieber an die Grundregeln von Alberti, die linea prima und die linea secunda – das war die ganze Theorie, man braucht einen Mittelpunkt und eine horizontale und eine vertikale Linie. Alles andere sind Variationen – sagt Alberti. Da halte ich mich dran.

Diese geschwungenen Linien, die, wie sagt man, morphologische Herangehensweise – ich finde, das ist ein wildes Zeug. Rem Kohlhaas ist ja auch ein Schüler von mir und hat so einiges an wildem Zeug vollbracht – und zwar, das muss man sagen, sehr erfolgreich, weltweit. Aber ich bin da lieber nur Beobachter.

Kann man denn die Kraft, die dynamischen Ovalformen etwa bei den Bauten von Erich Mendelsohn auch aus der klassischen architektonischen Ordnung entwikkeln?

Das glaube ich nicht. Aber ich halte die Kraft, von der Sie da sprechen, für fragwürdig. Warum? Mendelsohn und auch die italienischen Futuristen wollten Dynamik umsetzen in eine Gebäudeform. Das ist zwar ein durchaus legitimer Wunsch – nur in dem Moment, wo ich sie zu Architektur mache, erstarrt sie ja. Das sieht man jetzt auch bei Zaha Hadids Science Center Phaeno in Wolfsburg … Handelte es sich um echte Dynamik, müsste sie sich weiterbewegen. So aber bleibt solche Architektur doch eine irgendwie erstarrte Form – willkürlich.

Der rechte Winkel ist also unverzichtbar?

Nicht unbedingt. Ich habe ja auch Bauten mit Kurven gemacht, aber nicht mit Sinuskurven oder Zufallskurven. Wir haben vor kurzem zum ersten Mal einen Bau auf einem dreieckigen Grundstück geplant. Obendrein ist es ein unregelmäßiges Dreieck. Dabei stellte ich fest, dass die Geometrie eines Dreiecks eine hundsgemeine Angelegenheit ist. Das müssen Sie geometrisch erstmal bewältigen! In meiner Arbeit gibt es also keine geschwungenen, amorphen Formen. Wenn es mal nicht rechtwinklig ist, dann ist es rund oder dreieckig – und das macht uns noch genug zu schaffen.

Wann haben Sie denn den Entschluss gefasst, Architektur zu studieren?

Recht spät, erst mit 20 oder 21 Jahren. Das lag daran, dass der Architektenberuf da, wo ich herkomme, in der Eifel, nicht bekannt war. Häuser bauten eben die Baufirmen und die Maurer. Ganz zu Anfang wollte ich deshalb Flugzeuge bauen, Luftfahrtingenieur werden, oder aber Kunst studieren. Aber dann entdeckte ich den Architektenberuf und fand, dass er alles enthält, was mich interessiert.

Einer der Aufzüge im Haus 5 der Dorotheenhöfe.

Arbeiten am zweiten Untergeschoss der Dorotheenhöfe im Dezember 1999. Die Aufnahmen entstanden morgens gegen 6.30 Uhr. Unten links: Entfernen einer Schalungswand. Im Hintergrund das Internationale Handelszentrum.

Die Baugrube mit Blick auf den Bahnhof Friedrichstraße. Links im Vordergrund die Abstützung des S-Bahn-Tunnels, der an der Neustädtischen Kirchstraße in die Baugrube ragt.

DER ORT IN DER STADT

Der Block 115 der Berliner Friedrichstadt, gelegen zwischen Georgen- und Dorotheenstraße, ist eine zentrale Adresse der Hauptstadt: In unmittelbarer Nähe liegt die Straße Unter den Linden mit ihren Botschaften, Kulturinstitutionen und Unternehmensrepräsentanzen sowie die Humboldt-Universität. Bis zum Reichstag sind es nur einige hundert Meter. Der Block liegt an der um 1685 angelegten Nord-Süd-Achse der barocken Stadterweiterung, dem Bahnhof Friedrichstraße unmittelbar gegenüber, ebenso dem heutigen östlichen Geschäftszentrum. Zugleich ist die von Oswald Mathias Ungers bebaute Hälfte des Blocks durch ihre Lage am Spreeufer von stadträumlicher Weite begünstigt und dadurch stadtbildprägend: Obwohl die Häuserzeile in schrägem Winkel und nicht längs zum Spreeufer verläuft, kommt ihr die Bedeutung eines den Fluss baulich einfassenden Uferprospekts zu; das Ensemble ist vom gegenüberliegenden Spreeufer lückenlos zu betrachten. Wer aus Richtung Westen mit dem Zug in Berlin ankommt, erblickt bei der Einfahrt in den Bahnhof Friedrichstraße über die Spree hinweg zur Rechten als erstes die Dorotheenhöfe.

Die Dorotheenstadt wurde ab dem Jahr 1674 von den Baumeistern Johann Heinrich Behr und J. E. Blesendorf außerhalb des bestehenden Berliner Befestigungsrings zwischen Spreeufer und der Allee Unter den Linden als System rechtwinkliger Straßenzüge angelegt. Sie gehörte zu den ersten planmäßigen Erweiterungen Berlins, ihre Hauptachsen waren die neu angelegte Friedrichstraße und die Dorotheenstraße als Ost-West-Verbindung. Um die Stadterweiterung zu forcieren, hatte die Kurfürstin Dorothea, zweite Frau des „Großen Kurfürsten" Friedrich Wilhelm, ihren landwirtschaftlichen Grundbesitz längs der Spree als Bauland bereitgestellt.

An der Neustädtischen Kirchstraße, die den Block der Dorotheenhöfe an seiner Westseite begrenzt, ging die geschlossene Bebauung noch zu Beginn des 19. Jahrhunderts in eine lockere Besiedlung aus herrschaftlichen Villen des Adels bzw. wohlhabender Hugenotten

Die Dorotheenhöfe vom Reichstagufer aus gesehen, im Hintergrund das Internationale Handelszentrum. In das Eckhaus ist der Verband der Cigarettenindustrie eingezogen.

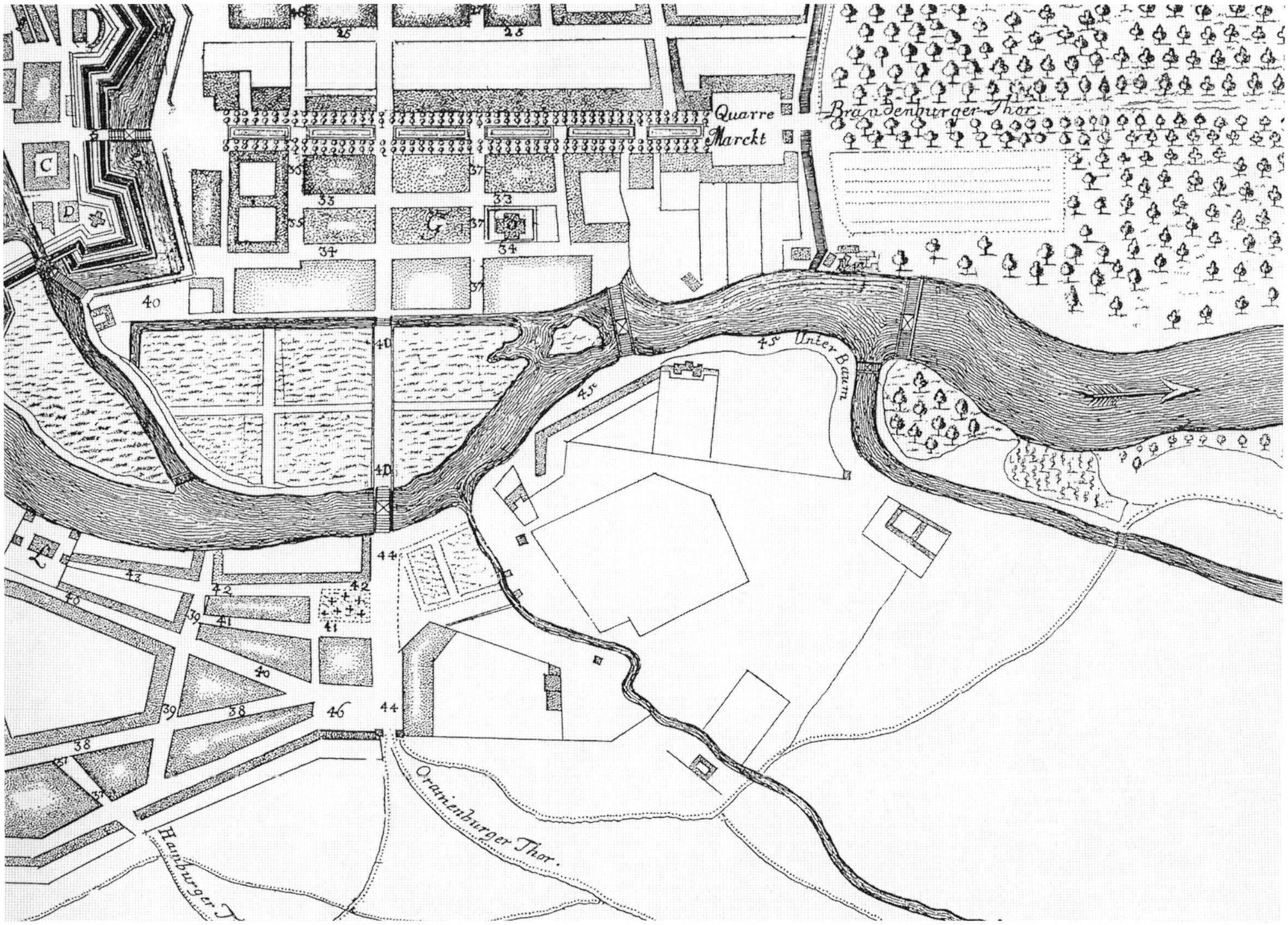

über, die in große Gärten eingebettet malerisch am Fluss lagen. Die bekannteste war die von Andreas Schlüter errichtete Villa Kamecke an der Stelle des heutigen Presse- und Informationsamtes der Bundesregierung. Mit ihrem Gartenparterre und der breiten Terrasse war diese Villa fast schon ein Schloss.

Auf dem Gelände der Dorotheenhöfe befand sich für einige Jahrzehnte eine Werft der Preußischen Seehandlung, in der seetüchtige Handelsschiffe gebaut wurden. Erst die rasante Industrialisierung Berlins ab 1850 ließ auch am Westrand der Dorotheenstadt dichte, mehrgeschossig bebaute Blocks entstehen. Die Wandlung vom gehobenen Wohnviertel zu einem betriebsamen Geschäftsquartier, in dem große Handelskontore und Banken ihren Sitz nahmen, erfolgte rasch.

Plan der Friedrichstadt aus dem Jahr 1723 von G. Dusableau. Am oberen Bildrand sind die „Linden“ zu sehen. Der Block 115, heutiger Standort der Dorotheenhöfe, ist bereits projektiert. Rechts: Ansicht des südlichen Spreeufers von Anna Maria Werner aus dem Jahr 1717. In der rechten Bildhälfte die Dorotheenstädtische Kirche und die Villa Kamecke.

Vor allem in den letzten Monaten des Zweiten Weltkriegs kam es durch Luftangriffe und Kampfhandlungen zu schweren Zerstörungen. Im Block 115 an der Ecke Friedrich- und Georgenstraße überstanden nur wenige Häuser den Krieg unversehrt. Nachdem die DDR-Baubehörden das beschädigte Central-Hotel mit dem Wintergarten-Varieté abreißen ließen – es hatte fast den halben Block eingenommen – standen nur noch zwei Gebäude des alten Quartiers: das Postamt „Berlin NW 7" (die heutige rumänische Botschaft) und ein angrenzendes Mietshaus.

BAULICHE VIELFALT IN STÄDTEBAULICHEM EINKLANG

Dergestalt fand Oswald Mathias Ungers den Bauplatz der Dorotheenhöfe vor. Städtebaulich forderte die ihm gestellte Aufgabe eine gewisse Meisterschaft, sollte sie nicht in Verrenkungen münden: Einerseits entsprach es dem Wunsch der Investoren, dass die Gebäude unter dem Namen „Dorotheenhöfe" als Einheit, also als aus einer Hand geplantes Ensemble erkennbar seien. Dennoch sollten selbstständige Einheiten entstehen, die sowohl baulich als auch äußerlich als Einzelhäuser wahrzunehmen sind, damit sich die Käufer mit einer eigenen Adresse präsentieren könnten.

Formale Vielfalt bei Homogenität der baulichen Grundfigur lautete der Leitgedanke des Bebauungskonzeptes. Bei der Planung war neben den zwei Altbauten die absehbare Bebauung der zweiten Blockhälfte mit ähnlich dimensionierten Gebäuden zu berücksichtigen. Hier errichteten später sechs Architekturbüros unter Federführung der Berliner Architekten Assmann Salomon den Geschäftshauskomplex Friedrich-Carré. Beim Arrangement der fünf Einzelbauten auf der Westhälfte des Blocks ging es also nicht darum, mit einem großen Wurf eine Figur „aus einem Guss" ins Stadtgefüge zu stellen, sondern vielmehr um die Ergänzung des Vorhandenen. Dazu legte Oswald Mathias Ungers ein von quadratischen Feldern gebildetes, den Bestand berücksichtigendes Planungsraster über das Grundstück. Innerhalb dieses Systems spielte sein Planungsteam verschiedene Variationen durch. Die Gebäudegruppe lässt in ihrer monolithischen Wirkung an ein Felsmassiv denken, erscheint wie gewachsen und damit im doppelten Sinn als ein Stück „Stadtlandschaft".

Verkehrsgünstige Lage: Der Zugang zur unterirdischen Nord-Süd-Verbindung der S-Bahn liegt vor der Tür, zum Bahnhof Friedrichstraße sind es nur ein paar Schritte weiter.

DIE FINESSE STECKT IN DEN DETAILS

Als die Grundfigur der Bebauung geklärt war, gingen Ungers und seine Mitarbeiter an die Verfeinerung. Der Architekt beschreibt diese Arbeitsphase als Balanceakt einer kontrollierten Vielgestaltigkeit innerhalb eines einheitlichen Grundmusters.

Die Außenhaut der Dorotheenhöfe bilden bis auf eine Ausnahme glatte, von symmetrischen Fensterreihen durchbrochene Werksteinfassaden. Diese haben Staffelgeschosse und eine zurückhaltend hervorgehobene Sockelzone. Der Werkstoff Kalkstein dient dabei als verbindendes Element. Die Eckhäuser erfuhren eine leichte Betonung, vor allem das weithin sichtbare Haus für den Verband der Cigarettenindustrie. Es ist höher als die anderen und von der Uferfront nicht zurückgestaffelt, wodurch es eine turmartige Gestalt erhält. Häuser, die zwischen zwei anderen in der Reihe stehen, gestaltete man, wie Ungers es formuliert, „weniger stark im Eigencharakter".

Der Architekt verzichtete also auf demonstrativ herausgestellte Heterogenität. Bei der Herausarbeitung von Unterschieden beschränkte er sich vor allem auf die Detaillierung der Fassaden und die Gestaltung der Fenster. Diese sitzen teils bündig in der Front, teils treten sie in ihre Laibungen zurück. Abhängig von ihrem Platz in den Fassaden wechselt die Farbe der Rahmen.

Auch die Rückstaffelung der Dachetagen wird von Haus zu Haus unterschiedlich gehandhabt. Diese Abweichungen in der Kubatur führen in Verbindung mit der wechselnden Aufteilung der Fassade mal zu einem einladenden, mal zu einer „introvertierten" Duktus.

So sehr sich Oswald Mathias Ungers bei der Gestaltung der Schauseiten dem traditionellen Stadtpalais verpflichtet fühlt – das Innenleben entspricht modernsten europäischen Bürohaus-Standards. Zudem haben die Büroräume ein variables Raster, ihre internen Grundrisse lassen sich also abhängig vom gewünschten Raumzuschnitt ohne großen Aufwand verändern. Einen wesentlichen Beitrag zur Entwicklung dieses innovativen, variablen Rastersystems leisteten Ungers' Berliner Projektleiter Karl-Heinz Winkens und Jörg Lenschow. Es entstanden Büro- und Gewerbeeinheiten, die anspruchsvolle Innenarchitektur mit Flexibilität und Langlebigkeit verbinden.

In gleichmäßigen, großen Formen präsentieren sich die Häuser zur Neustädtischen Kirchstraße. Rechts die dunkle Klinkerfassade des Hauses Bellevue.

Deutsches Theater
Berufsschule für Taube
Johannis
Finanzämter u. Hauptzollamt Bln-Süd
St. Maria-Viktoria-Krankenh.
Polizei-Dienstgebäude
Admiral-Scheer-Brücke
Alexander
Allgem.
Landratsamt d. Kr.
Elektr. gesellschaft
Friedrich-Karl-Ufer
Lessing-Theater
Unterbaumstraße
Schumannstraße
Charité
Albrechtstraße
Ziegel
Am
Theater des Volkes
Volksschule
Sport- u. Turnhalle
Karlstraße
Marien
Zirkus
Schiffbauerdamm-Theater
Schiffbauerdamm
Weidendammbrücke
Ladestraße
Alsenstraße
Kronprinzenbrücke
Kronprinzenufer
Dänische Ges.
Schweiz. Ges.
Bismarckstraße
Fürst-Bismarck-S.
Reichstagufer
Hindenburgstraße
Roon
Dompfarrhs.
Roondenkm.
Spree
Berliner Kraft und Licht A.G.
Finanzämter
Komödien-Haus
Schlütersteg
Bahnhof Friedrichstraße
Admiralspalast
Kom. Oper
Prinz-Louis-
Friedrichstr.
Neustädtische
Georgen
Post-scheckamt
Hotel Continental
Postamt NW7
Wintergarten
Central-hotel
Marschallbrücke
Reichstagplatz
Königsplatz
Siegessäule
Bismarck-denkm.
Reichstagsgebäude
Reichstagspräsidentenhs.
Französ. Gymnasium
Physik.-chem. Inst. d. Universit. Berlin
Bunsenstraße
Neue Wilhelmstraße
Simsonstraße
Dorotheen
Reichsbibl. d. Wehrwissenschaft
Reichs- und Preuß. Ministerium des Innern
Schadowstraße
Dorotheenstädt. Kirche
Mittelstraße
Friedensallee
Französ. Botschaft
Kaiser-Friedr. Denkmal
Hindenburgplatz
Pariser Platz
Unter den Linden
S.-Bf. Unter den Linden
Brandenburger Tor
Chaussee
Kaiserin-Friedr. Denkmal
Akademie der Künste
Hotel Adlon
Engl. Botschaft
Reichs- u. Preuß. Minist. f. Wissensch. Erzieh. u. Volksbild.
Hotel Bristol
Botschaft d. U.d.S.S.R.
Bischöfl. Ordinariat
Kl. Mauerstraße
Metropol-Theater
Theater i.d. Behrenstr.
Passage
Rosmarin
Behren
Deutsche Bank und Diskontoges.
Kanonierstr.
Mauerstr.
Französische
Reichs- u. Preuß. Minist. für Ernährung u. Landwirtschaft
Fernsprechamt Mitte
Löwengruppe
Haus des Reichspräsidenten
Reichs-Justizministerium
Postamt W8
Jäger
Auswärtiges Amt
Reichsleitung d. NSDAP
Reichsminist. f. Volksaufklärung u. Propaganda
Tauben
Predig.-haus.
Goethe dkm.
Ahorn
Siegesallee
Lessing dkm.
Wilhelmplatz
Reichskanzlei
Zietenplatz
Mohren
Hotel Kaiserhof
Dreifaltigkeitskirche
Kronen
Skagerrakplatz
Lenné
Bellevue
Kanzlei des Führers
Voßstraße
Reichs-Justizminist.
Kaiserhofstr.
Deutsche Reichsbahngesellschaft
Reichsfinanzministerium
Hermann-Göring
Stadtmitte

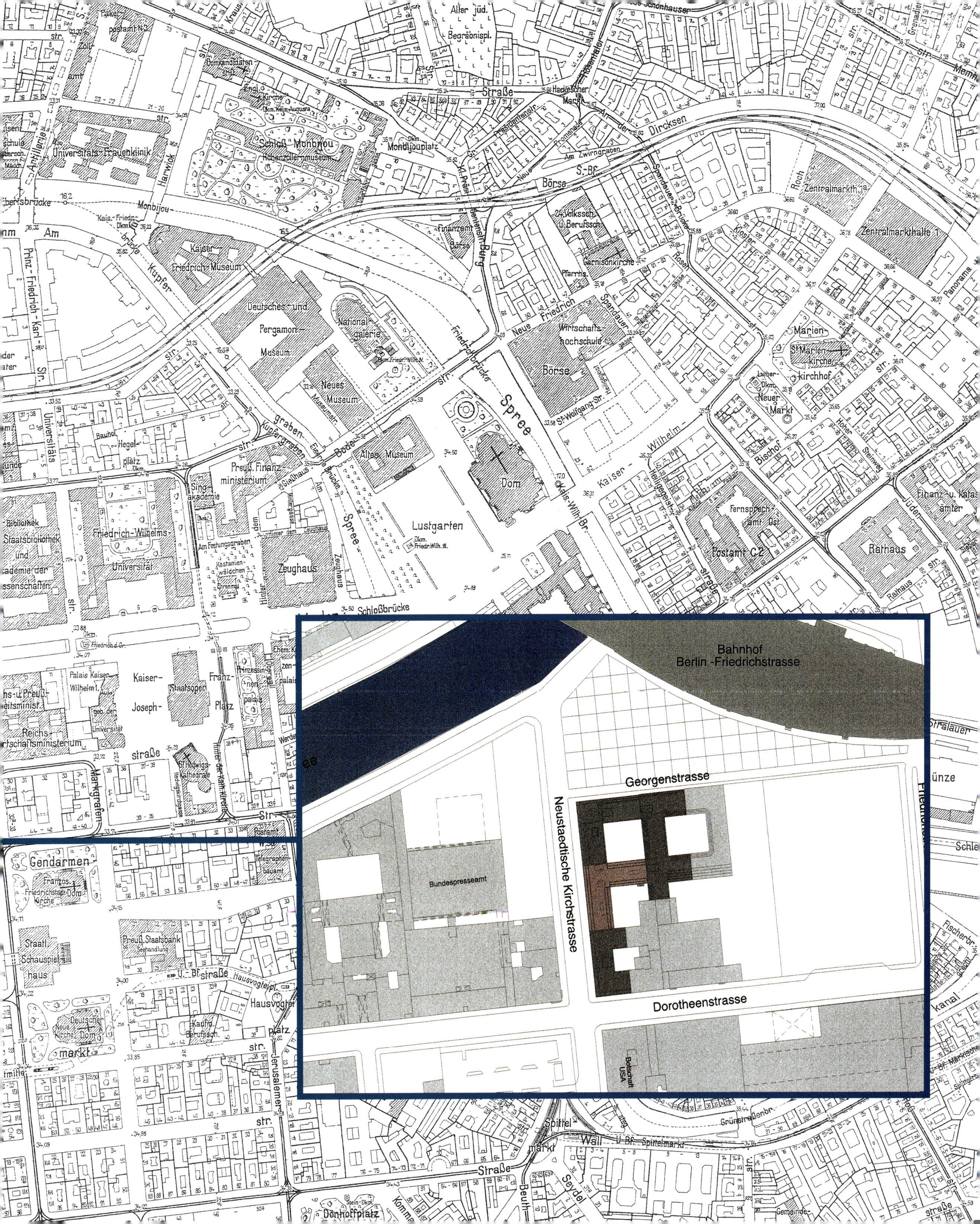
Bahnhof
Berlin -Friedrichstrasse
Georgenstrasse
Neustaedtische Kirchstrasse
Bundespresseamt
Dorotheenstrasse
Botschaft USA
Alter jüd. Begräbnispl.
Hackescher Markt
Dircksen
Schloß Monbijou
Hohenzollernmuseum
Universitäts-Frauenklinik
Monbijou
Kaiser-Friedrich-Museum
Kupfer
Prinz Friedrich-Karl-Str.
Deutsches- und Pergamon-Museum
National-galerie
Neues Museum
Altes Museum
Dom
Lustgarten
Spree
Friedrichsbrücke
Börse
Wirtschafts-hochschule
Garnisonkirche
Zentralmarkthalle I
St. Marien-kirche
Neuer Markt
Kaiser-Wilhelm-
Fernsprech-amt
Postamt C2
Rathaus
Finanz- u. Kataster-ämter
Zeughaus
Preuß. Finanz-ministerium
Sing-akademie
Kastanien-wäldchen
Universitäts-
Hegel-platz
Bibliothek
Staatsbibliothek
Friedrich-Wilhelms-Universität
Schloßbrücke
Kaiser-Franz-Joseph-Platz
Staatsoper
Palais Kaiser Wilhelm I.
St. Hedwigs-Kathedrale
Markgrafen
Gendarmen markt
Französ. Friedrichstadt-Dom Kirche
Staatl. Schauspiel-haus
Deutscher Dom
Neue Kirche
Preuß. Staatsbank
Hausvogtei-platz
Telegraphen-bauamt
Jerusalemer
Spittel markt
Dönhoffplatz
Wall
Kanal
Fischerbr.
Stralauer
Münze
Straße

HAUS NR. 3, NEUSTÄDTISCHE KIRCHSTRASSE 8, VERBAND DER CIGARETTENINDUSTRIE

Dicht am Ufer der Spree steht das wohl markanteste Haus der Dorotheenhöfe. Das neun Etagen hohe Eckhaus mit seinem grün schimmernden Stein ist in besonderer Weise bestimmt von Oswald Mathias Ungers' Streben nach einer äußersten Reduktion des architektonischen Ausdrucks. Es beherrscht als turmartig erhöhter Eckbau die Kreuzung Georgenstraße/Neustädtische Kirchstraße und wurde für den Verband der Cigarettenindustrie errichtet. Auffällig ist es nicht nur wegen seines kompromisslosen Erscheinungsbildes, sondern auch durch seinen exponierten Standort: Das Haus markiert den Punkt, wo das rechtwinklige Blockraster der Friedrichstadt auf den gewundenen Lauf der Spree trifft. Natur und Ratio fügen sich nicht nahtlos aneinander, wodurch der Block in angeschrägtem Winkel zum Flussufer verläuft und die Dorotheenhöfe wie ein breiter Bug in die Stadtlandschaft ragen.

Die Fassade ist mit „Dorfer Grün" verkleidet, einem aus Österreich stammenden Stein. Neben dem Fugennetz der Steintafeln wird sie nur durch das Raster der großformatigen Fenster gliedert. Schmale Marmorfassungen rahmen die Fenster, sie sind das einzige schmückende Element der Schauseite.

In das von hohen Fenstertüren bestimmte Erdgeschoss wird ein Restaurant einziehen. Die Sockelzone ist allein durch den Bronzeton der Fenstertüren und der Fenster des ersten Stockwerks hervorgehoben. Die Rasterstruktur verleiht der Hauptfassade etwas mathematisch-rationales, das ihr die Gefälligkeit nimmt, sie aber auch zum Blickfang macht. Durch das strenge Gleichmaß und die quadratische Form der Fenster, die sich auf keine baugeschichtliche Tradition zurückführen lässt, führt der Architekt den Typus des Stadthauses zu äußerster Abstraktion. So gesehen ist das Eckgebäude vor allem die *Idee* eines Hauses. Es scheint wie ein Platzhalter für die unendliche Zahl von Möglichkeiten, die man stattdessen auch hätte wählen können.

Dadurch, dass die Front so abstrakt bleibt, wird die Aufmerksamkeit des Betrachters unweigerlich auf die nächstgrößere Dimension gelenkt, auf die Grundfigur des Gebäudes. Sie lässt sich in ihrer kantigen Gestalt auch als gebaute Skulptur wahrnehmen: An der Westseite zur Neustädtischen Kirchstraße staffelt sich das Haus über drei Etagen hinweg ab, zur Georgenstraße dagegen tritt es turmartig hervor. Damit erinnert es an die Eckbetonung gründerzeitlicher Berliner Mietshäuser.

Auf dem Turm befindet sich eine als Dachgarten angelegte Terrasse, auf der Sommerfeste mit einem beeindruckenden Rundblick auf die Spree, den Reichstag und die Charité gefeiert werden können. Der

Wie ein Turm bestimmt das Haus des Verbandes der Cigarettenindustrie die Ecke Georgenstraße/Neustädtische Kirchstraße. Die Fassade besteht aus „Dorfer Grün", einem grün schimmernden, in Österreich gebrochenen Stein.

HAUS NR. 4, GEORGENSTRASSE 21, VERBAND DEUTSCHER HYPOTHEKENBANKEN

Das Haus Georgenstraße 21, der linke Nachbar des Eckhauses, erscheint in mancher Hinsicht wie dessen Gegenbild: Mit seinen hochrechteckigen Fenstern vertritt es den Archetypus des europäischen Stadthauses zurückhaltend, oder, wie es Ungers ausdrückt, „weniger stark im Eigencharakter". Die formale Eigenständigkeit soll nie die Geschlossenheit des Gesamtbildes sprengen. Es ist das kleinste der fünf Gebäude.

Zwar bestimmen stehende Fenster die Achsen der Fassade, trotzdem ist sie durch schmale, liegende Quader aus sandfarbenem, bei Ingolstadt gebrochenem Kalkstein horizontal akzentuiert. Auch die Brüstungen der Dachterrassen unterstreichen die horizontale Struktur.

Ungers versah die Fenster mit einer so unmerklichen Differenzierung, dass der Passant diese wohl bestenfalls unbewusst wahrnehmen wird: Im Parterre sitzen die Fenster in normaler Tiefe in ihren Laibungen, in der Hauptfassade sind sie nur noch um die Hälfte zurückgesetzt und in den zwei Dachetagen schließlich sitzen sie fassadenbündig in der Front. Auf diese Weise bewirkt der Architekt mit minimalen Mitteln eine sinnfällige Gewichtung von Sockelgeschoss, Hauptfassade und Dach. Die tiefere Laibung im Sockel entspricht der Erwartung einer an dieser Stelle kräftigeren Wand, auf der das übrige Haus ruht.

Es ist dieses Gebäude, das in Ungers' Verständnis städtischen Bauens dem Ideal des gereihten Stadthauses am nächsten kommt – ein Haus, das zwar einzigartig ist, sich aber dennoch selbstverständlich in die Häuserreihe einfügt. Die Individualität sprengt nie den gemeinsamen Rhythmus einer von stehenden Fenstern durchbrochenen Fassade, so

Das Verbandshaus der deutschen Hypothekenbanken hat eine Fassade aus sandfarbenem Kalkstein. Durch unterschiedliche Laibungstiefen und Fensterformate erfährt sie unmerkliche Variationen. Links: Frontalansicht. Rechts: Wirkung in der Straßenflucht.

wie man es etwa von den Häusern entlang der Rambla in Barcelona oder am Champs-Élysées kennt. Bei dieser „Einheit in der Vielfalt", um ein Wort von Josef Paul Kleihues zu gebrauchen, kommt dem Material eine wesentliche Bedeutung zu: „Die Häuser am Champs-Élysées in Paris sind fast alle in Kalkstein errichtet, es ist der Baustoff großstädtischer Architektur schlechthin", sagt Ungers.
Während es in der Hauptfassade unter anderem mit Hilfe filigraner Brüstungen bei der Andeutung eines französischen Fensters bleibt, reichen die Fensterfassungen in den beiden zurückgestaffelten Etagen tatsächlich bis zum Boden. Zugleich sind sie breiter, was der Fassade ihre Geschlossenheit nimmt. Hier dominieren die Fensterflächen, nur noch pfeilerartige Wandstege durchbrechen die Öffnungen. Ein reizvolles Detail sind die Blindfenster an den Seitenpartien des Dachgeschosses, angedeutet durch Nischen im Format eines Fensters. Der Verzicht auf die äußeren beiden Fenster bewirkt, dass sich das Haus zum Dach hin zu verjüngen scheint – die Erbauer erreichen damit ganz beiläufig eine Verfeinerung der Proportion.

Blick aus dem Konferenzraum zum Gartenhof.

Wie das Eckhaus am Spreeufer hat auch das Haus Georgenstraße 22, das die Dorotheenhöfe nach Osten hin abschließt, quadratische Fenster. Anders als am Spreeufer ist die Laibung jedoch nicht hervorgehoben oder in anderer Weise verfeinert. Mehr noch, sie tritt als Element der Lochfassade nicht mehr in Erscheinung, da die Fenster flächenbündig in der Fassade sitzen. Diese ist in rotem Granit ausgeführt und nicht poliert, so dass die Oberfläche noch die natürliche Struktur des Steins bewahrt. Auffallend sind die breiten Profile der Rahmen, die durch eine Schattenfuge zweigeteilt sind. So entsteht der Eindruck mehrerer Einzelrahmen innerhalb des Hauptrahmens – ein Eindruck, der insofern zutrifft, als sich alle Fenster des Gevierts einzeln öffnen lassen. Um das Eingangsportal hervorzuheben, tritt die Fassade in den zwei rechten Gebäudeachsen um einen knappen Meter zurück. Das Haus ist mit fast 10.000 Quadratmetern Nutzfläche das mit Abstand größte Einzelgebäude im Ensemble.

Die Nüchternheit der Fassade lässt nicht ahnen, welch imposanter Innenraum sich hinter ihr verbirgt: Die Lobby des Hauses hat mit ihren 22 Metern Länge und sieben Metern Höhe beeindruckende

Links: Der Eingangsbereich des Hauses 5 in der Georgenstraße ist mit matt glänzenden Edelstahlpaneelen verkleidet. Rechts: Haus 5, Gesamtansicht. Die Fenster sind fassadenbündig in die Laibungen gesetzt.

Ausmaße und nimmt das gesamte Parterre des Querflügels ein. Sie ist wahrscheinlich eine der elegantesten Raumschöpfungen, die in Berlin um das Jahr 2000 entstanden sind. Die Lobby liegt leicht erhöht über dem Niveau des Erdgeschosses, was die Wirkung des beeindruckenden Raums eher verstärkt; vom Eingang aus betritt man sie wie ein Podium über einige Stufen. Stützen aus schwarzem Granit tragen die Decke, hinter der Pfeilerreihe liegen zu beiden Seiten deckenhohe Fenster, durch die man in die Innenhöfe blickt. Zur glanzvollen Wirkung der Halle tragen ganz wesentlich die Materialien bei. So ist der Boden mit einem persischen Travertin von ungewöhnlich intensiver rot-oranger Maserung belegt. Das Farbenspiel des Steins reicht vom leuchtenden Orange bis zu feinen weißen Adern, seine marmorierte Struktur zieht den Blick des Betrachters zum Boden. Dieser Bodenbelag wird von quadratischen Rahmen aus weißem Marmor durchbrochen; hier treffen sinnliche Materialität und rationalistische Geometrie spannungsvoll aufeinander. Der ausdrucksvolle Stein in Kombination mit stark abstrahierten Formen lässt an Adolf Loos und sein 1911 fertig gestelltes Geschäftshaus am

Links: Der Hof erinnert mit seinen Birken und dem niedrigen Bewuchs an nordische Landschaften. Efeu bedeckt den Boden. Rechts: In der Tiefgarage besitzt jedes Haus einen eigenen Zugang. Zur besseren Orientierung ist jeder Adresse eine bestimmte Farbe zugeordnet.

Wiener Michaelerplatz denken. Berühmt wurde Loos mit seinen Schriften, in denen er eine strikte Abkehr von jedwedem architektonischen Ornament fordert. Jedoch kompensierte er das fehlende Ornament an dem berühmten Haus am Michaelerplatz durch die Verwendung von außergewöhnlich reich geädertem Cipollino-Marmor. Oswald Mathias Ungers folgt Loos in der Ablehnung des Ornaments. Wie auch Mies van der Rohe, der ins Zentrum seines deutschen Weltausstellungspavillons in Barcelona 1929 eine Onyx-Wand stellte, erkennt Ungers aber, dass das hier gewünschte Maß an architektonischer Festlichkeit nicht durch den geformten Raum alleine zu erzielen ist. Der Zauber des Materials ersetzt den Schmuck, ist Schmuck aus sich selbst heraus. Die in den Travertin eingelassenen weißen Quadrate verstärken zudem visuell die Dimensionen des Raumes. An der Decke finden sie in einem indirekt beleuchteten Kassettenraster Entsprechung. Die in Schwarzkirsche (einem kräftigen Dunkelbraun) getäfelte Verkleidung der Stirnseite könnte nicht besser mit den schwarzen Pfeilern harmonieren. Als Foyerhalle ist dieser Raum fast zu schade: Er böte auch für einen Ball die ideale Kulisse.

Die Lobby von Haus 5 öffnet sich mit zwei Fensterreihen zu den Höfen. Der Boden besteht aus persischem Travertin und weißem Marmor.

HAUS NR. 1, NEUSTÄDTISCHE KIRCHSTRASSE 6/ECKE DOROTHEENSTRASSE

Am auffälligsten unterscheidet sich dieses Haus von seinen Nachbarn mit ihren stehenden oder quadratischen Fensterformaten durch die horizontale Fassadenstruktur. Sein Motiv ist das variationsreiche, wenngleich streng symmetrische Spiel mit den kompositorischen Möglichkeiten des Rechtecks: Die Front besteht aus liegenden Rechteckfeldern, breiten Rahmen aus hellem, in den oberen Etagen fast weißem Stein. In diesen ausgewogen proportionierten steinernen Fassungen sitzen Fenster, deren Sprossen das Rechteck in sechs weitere rechteckige Felder unterschiedlichen Formats gliedern. Schattenfugen betonen in der steinernen Rahmung der Fassade das langrechteckige Format der hellen Kalksteinquader. Farblich tritt die Sockelzone durch einen freundlichen, beigefarbenen Stein hervor, der sich klar vom Stein der Obergeschosse absetzt.

Neben dem Rechteck ist der kalkulierte Kontrast das bestimmende Thema des Gebäudes: Die Fenster sind schwarz gefasst, wodurch sie sich deutlich von ihren weißen Laibungen abheben, und die Sonnenschutzjalousien sind so passgenau in die Fensterstürze eingefügt, dass sie im herabgelassenen Zustand das Bild einer scharf begrenzten, schwarzen Fläche auf weißem Grund bieten – ein unmittelbares Nebeneinander, das an ein Schachbrettmuster erinnert. Dieses Fassadenkonzept, der betonte Kontrast zwischen heller Wand und den dunkel akzentuierten Fenstern erinnert an Ungers' frühe Wohn- und

Schwarz auf Weiß: Wenn die Sonnenlamellen von Haus 1 geschlossen sind, heben sie sich deutlich als dunkle Rechtecke von der hellen Kalksteinfassade ab. Auf eine besondere Betonung der Ecke wurde bewusst verzichtet.

Geschäftshäuser aus den fünfziger Jahren. Dass die geschlossene Wand hier so weit zugunsten der Öffnungen zurückgedrängt wurde, deutet darauf hin, dass Ungers Motiven der von ihm nicht sonderlich geschätzten ersten Moderne hier vergleichsweise großen Raum zubilligt.
Mit Rücksicht auf die Höhenverhältnisse der an die Kreuzung angrenzenden Altbauten hat das Haus nur sechs Etagen, also eine weniger als die Nachbarhäuser. Die geringere Höhe des Hauses begünstigt zusätzlich den horizontalen Akzent der Fassade.
Noch im Foyer, ja sogar bis in die Aufzüge setzt sich das Wechselspiel von Rahmung und farbigen Feldern fort, dort allerdings in Quadraten: An den Wänden sind es Felder aus sandfarbenem Kalkstein, die von Bändern aus dunklerem Material gefasst werden. Nahtlos gehen sie oben in die Decke über und umschließen eine Lichtdecke aus weißem, opakem Glas, die ihrerseits in sechzehn weiße Felder geteilt ist. Die ganze Architektur scheint sich in gleichberechtigte Gevierte eines scheinbar endlosen Rasternetzes aufzulösen – Variationen bilden einzig weitere Halbierungsschritte des Grundrasters. Das Foyer veranschaulicht, wie lückenlos sich der Raum in der Ungers'schen Entwurfssystematik in symmetrische Ordnungsmuster verwandeln lässt; eine Disziplinierung der dritten Dimension, die freilich den Spielraum für Überraschungen eng begrenzt.

Formale Vielfalt bei Homogenität der städtebaulichen Struktur: Ansicht aus der Neustädtischen Kirchstraße, Blick in Richtung Norden.

Das Haus Bellevue gibt auf den ersten Blick zu erkennen, dass es einem anderen Zweck dient als seine Nachbarn: Oswald Mathias Ungers führte die Fassade als einzige nicht in Werkstein, sondern in dunklen Klinkern aus. Hier wird nicht gearbeitet, sondern gelebt, und zwar in 25 hochwertig ausgestatteten Wohnungen. Der für die Eigentümer bereitstehende Service ist einem Boardinghouse vergleichbar. Die Exklusivität der Adresse wird durch die Fassade auf eine leise Art vermittelt. Der Klinker ist ein Material des gewöhnlichen Hausbaus; indem Ungers für das Haus Bellevue einen seltenen, schwarzblau schimmernden Klinker verwendete, setzte er auf eine doppelte Konnotation des Werkstoffs: Die kleinteilige Fassade aus gebranntem Stein wirkt handwerklicher und zugleich weniger anonym als die Werksteinfassaden. Sie ruft eher ländliche als urbane Assoziationen hervor. Die Wahl der schwarzen Klinker verleiht dem seit dem 19. Jahrhundert in Berlin vor allem für öffentliche Bauten gebräuchlichen Sichtmauerwerk Eleganz; sie macht aus dem an sich alltäglichen Fassadenkleid einen „Abendanzug". Wie die samtenen Revers eines Smokings schimmern die Klinker matt in der Sonne. Dabei bilden sie keineswegs eine homogene Fläche – vielmehr entsteht durch die unterschiedlich stark reflektierende Oberfläche der Steine eine mosaikartig schimmernde Außenhaut. Diese Materialwirkung verbindet Ungers mit einem Wechselspiel liegender und stehender Ziegel-

Ansicht des Hauses Bellevue vom Vorplatz des Bundespresseamtes. Seine 25 Wohnungen werden über zwei Aufgänge erschlossen.

verbände. An den Schnittpunkten von Fensterstürzen und Geschossdecke liegen nur wenige Handbreit Raum zwischen Stoßfugen und lagernden Verbänden. Hier findet sich erneut das Ländliche und die Ästhetik des einfachen, rohen Materials. Zwar lehnt Ungers jede Form von Ornament ab, jedoch ähnelt das lebhafte Fugenbild der Wirkung von Stuck und lässt sich als Reminiszenz an das Berliner Mietshaus interpretieren. Französisch dagegen sind die Fenster, eine Anspielung auf das Pariser Stadthaus und für O.M. Ungers typologisch ein Erkennungszeichen des Wohnhauses. Auf Wohnlichkeit zielt die Verwendung hölzerner Fensterrahmen. Die robusten Kastendoppelfenster aus honigfarbenem Hemlock-Holz wurden vom Tischler nach Maß angefertigt. Helle Rahmen verhindern, dass aus der dunklen Fassade eine düstere wird. Gerade wegen der ungewöhnlichen Farbkombination runden sie das „Gesicht" des Hauses überzeugend ab. Der gewählte dunkle Ziegel ließ sich dem grundverschiedenen Naturstein gegenüberstellen, ohne damit das Gleichmaß des Ensembles zu stören.

Hinter den Eingangstüren endet das Understatement: Täfelungen aus hellem Holz und ein leuchtend roter Teppich signalisieren schon im Foyer den Eintritt in einen Ort anspruchsvoller Wohnkultur. Es herrscht eine Atmosphäre konservativer Gediegenheit, die aber zugleich einen intimen Charakter bewahrt, so dass es leicht fällt, sich zuhause zu fühlen. Ein Concierge steht den Hausbewohnern und ihrer Gästen rund um die Uhr zur Verfügung und sorgt für ihre Sicherheit. Mit der Behaglichkeit eines Abends daheim wird man sich jedoch nicht immer begnügen, denn ringsum locken erstklassige Kultur- und Unterhaltungsangebote – wo sonst in Europa sind zwei Opernhäuser, drei Theater und mehrere Revuebühnen in wenigen Minuten bequem zu Fuß erreichbar?

Alle 25 Apartments sind mit hochwertigen Materialien in handwerklich sorgfältiger Verarbeitung ausgestattet. Doch besteht der Luxus hier nicht wie so oft im Beiwerk allerlei effektvoller Accessoires – er besteht im konsequent hohen Niveau der gesamten Ausstattung und umfasst das ganze Haus, angefangen bei den Wohnungen, über die

Links: Haus Bellevue. Bei Sonnenschein reflektieren die schwarzblauen Klinker das Licht. Dann erinnert die Oberfläche der Fassade an ein Mosaik. Rechts: Zugang zu den Wohnungen. Auch die Korridore, Treppenhäuser und Aufzüge zeigen solide architektonische Details.

Korridore bis hin zur Tiefgarage. Dort sind die Aufgänge zu den Häusern durch ein eingängiges Leitsystem kenntlich gemacht, und die mit Kassettendecken und Parkett ausgestatteten Korridore sind mehr als nur „Verkehrsfläche". Die Wohnungen selbst sind 3,25 Meter hoch und die durchgehenden französischen Fenster machen die Räume noch weitläufiger, lassen sie selbst an bedeckten Tagen luftig und lichterfüllt erscheinen. Den Boden der Apartments bedeckt ein robustes Parkett aus Schwarzkirsche, das in warmen Holztönen changiert. Angesichts einer derart anspruchsvollen Basisausstattung hätte es einen Bruch bedeutet, die Bäder mit gewöhnlichen Fliesen zu versehen. Das Bad als „Herzstück" häuslichen Wohlbefindens wurde daher mit römischen Travertinplatten verkleidet. Mit einer Stärke von drei Zentimetern sind diese nicht nur „schöner Schein", sondern durchaus robust. Für Böden und Waschtische wählte man „Dorfer Grün", den gleichen grünlichen Kalkstein wie am Haus der Cigaretteninduserie. Ungers wäre nicht Ungers, würde er die geäderten Schichtungen des Steins nicht mit einem geometrischen Fugenraster gliedern. Die ausgewogene Verteilung horizontaler und vertikaler Linien und das charakteristische Schichtrelief des Steins geben jedem der Baderäume ein eigenes Gesicht, verbinden Eleganz mit Klarheit und Ruhe. Nahezu alle Wohnungen verfügen über ein eigenes Dampfbad, in die großen Wohnungen sind außerdem Saunen eingebaut.

In der siebten Etage befinden sich vier Penthouse-Wohnungen mit bis über 300 Quadratmetern. Hier öffnet sich dem Blick durch eine Folge von Flügeltüren eine Abfolge von Sälen, die eher an die Zimmerfluchten von Schlössern erinnert. Hinter der Eingangstür zur hofseitigen Dachwohnung verbirgt sich ein architektonisches Kleinod: Die weitläufige Wohnlandschaft, bestehend aus zentraler Halle, Galerie und effektvoll in den Raum geschobenem Treppenaufgang, erstreckt sich unter einem hohen Giebel, beschirmt von einem Satteldach: Die Wohnung ist ein autarkes, über den Dächern von Berlin-Mitte platziertes Domizil, ein Stadthaus, das von der Straße aus nicht zu sehen ist und daher ein Höchstmaß an Privatsphäre

Dachapartment an der Hofseite des Hauses Bellevue. Die Treppe zwischen den beiden Ebenen des Maisonettes befindet sich hinter einem „Haus im Haus".

bietet. Die großen Dachterrassen ersetzen einen Garten zwar nicht, entschädigen dafür aber mit einem stupenden Rundblick über das Zentrum der Stadt. Man glaubt die Hand nach der Kuppel des Reichstags und den beleuchteten Hochhaustürmen des Potsdamer Platzes ausstrecken zu können.

Die Haupthalle der Wohnung reicht bis unter den Giebel, wodurch ein sieben Meter hoher Raum entsteht. Trotz dieser Abmessungen und der zahlreichen Fenster bleibt dieser jedoch wohnlich. Den im Zentrum des Raums angeordnetem Treppenaufgang nutzt Ungers, um hier noch einmal im Kleinen das Motiv eines „Hauses im Haus" anzudeuten, wie er es bereits beim Bau des Deutschen Architekturmuseums in Frankfurt am Main getan hat: In den Giebel des Dachs ist die Giebelfront eines abstrahierten Hauses eingefügt.

In der Mitte der Hausfassade sitzt ein Fenster, durch welches man vom oberen Treppenabsatz aus in die Halle blicken kann. Aus der Halle betrachtet ist durch das Fenster die schmale Querwand des dahinter liegenden Treppenaufgangs zu erkennen. Das Fenster wirkt hier wie die Spiegelung des in den Fuß des Treppenturms eingelassenen, offenen Kamins. Geschickt kombiniert Ungers bei dieser Dachwohnung die gebaute Elementarfigur von Haus und Gehäuse mit der minimalistischen Ästhetik eines „White Cube" und erzielt dabei eine raffinierte Durchdringung von Schalen und Raumfolgen. Wenn das einfallende Tageslicht auf die gestuften Wandscheiben und die Kuben von Kaminsockel und Giebelwand fällt, gewinnt der Raum die Qualität einer begehbaren Skulptur, einer plastisch akzentuierten Wohnlandschaft.

Links: Blick in eines der Wohnzimmer. Im Hintergrund der Durchgang zum Esszimmer. Rechts: Die Badezimmer verfügen über Dampfbäder und teilweise über Saunen, ihre Wände wurden mit Travertin verkleidet. Unten Rechts: Blick in die Lobby von Haus Bellevue.

EFEU, BIRKEN, KONTEMPLATION: EIN ABGESCHLOSSENER GARTEN

Die Gebäudegruppe besitzt insgesamt vier Höfe, nach denen sie auch benannt wurde. Nur einer der Höfe ist jedoch allseits von Häusern des Ensembles umschlossen – er wird vom Haus Bellevue, dem Verbandshaus der Cigarettenindustrie und den beiden östlichen Nachbargebäuden gebildet – und konnte daher eine einheitliche Gestaltung erfahren. Das damit beauftragte Landschaftsarchitekturbüro Köster fand eine angesichts der Raumsituation überzeugende Lösung: Der Hof ist dicht mit Efeu und kleinen Stauden bedeckt. Einige Birken ragen aus diesem dichten „Unterholz" empor und bilden eine hainartige Baumgruppe. Dieser Naturraum bleibt auf sich bezogen, kein Weg führt hindurch, er ist ohne Beziehung zu den Häusern. Dadurch besitzt er trotz seiner Begrenztheit große Eigenständigkeit, behauptet sich als introvertierter, fast kontemplativer Ort gegenüber den rund dreißig Meter hohen steinernen Wänden ringsum.

Der von den Häusern 2, 3 und 5 umschlossene Gartenhof. In der Mitte der Hofflügel des Hauses Bellevue.

Frank Peter Jäger im Gespräch mit Rainer Haubrich, Hans Kollhoff und Fritz Neumeyer über den Freund und Lehrer Oswald Mathias Ungers, über seinen Weg als Theoretiker und Architekt, seine Bedeutung für das heutige Bauen und seinen Anteil an der ideellen Erneuerung der Moderne in Deutschland.

Fritz Neumeyer, Hans Kollhoff und Rainer Haubrich (v. l. n. r.) im Gespräch mit Frank Peter Jäger.

Herr Haubrich, wie nimmt jemand, der bezogen auf Oswald Mathias Ungers eigentlich schon zur Enkel-Generation gehört, dessen Werk wahr?

Rainer Haubrich: Ich war beim Fall der Mauer 24. Ich habe mich in der Anschauung Berlins gewissermaßen rückwärts vorgearbeitet und nachgelesen, wie es zu all diesen Gebäuden gekommen ist. Und da spielte Ungers eine große Rolle, das hat man ziemlich schnell gemerkt. Eines der ersten Architekturbücher, die ich überhaupt gekauft habe, war eine Werkmonographie von ihm. Ich war fasziniert von dieser geometrischen Strenge. Das hat mich damals absolut überzeugt. Je mehr ich dann aber mit der Frage konfrontiert war, wie Architektur aussehen muss, damit ein Berlin entsteht, in dem wir uns in zehn, zwanzig Jahren auch noch wohlfühlen, desto skeptischer habe ich die Bauten aus den siebziger und achtziger Jahren gesehen, auch die von Ungers.
Ungers gehört unstrittig zu denen, die aus den düsteren Zeiten der Architektur, den sechziger, siebziger Jahren herausgeführt haben. Wenn ich es in einem Bild zuspitzen soll: Ich denke, Ungers ist der Moses, der aus der Gefangenschaft herausführt. Und es ist die Generation Kollhoff, die dieses gelobte Land wirklich sehen und gestalten durfte. Darin liegt, wenn man so will, eine gewisse Tragik: dass der Beitrag Ungers' als gedanklicher Wegbereiter viel größer ist als – speziell auf Berlin bezogen – der Beitrag des tatsächlich Gebauten.

Viele glauben, dass Ungers' theoretisches Werk die Bedeutung seines gebauten noch übersteigt. Kann man das denn bei einem Architekten überhaupt trennen?

Fritz Neumeyer: Ich glaube, dass man das schon ein bisschen trennen darf und auch trennen muss. Mit strengem Maßstab gemessen könnte man Semper kritisieren, dass er hinter seinem theoretischen Werk zurückbleibt, kann man Alberti kritisieren und andere noch mehr. Was dabei deutlich wird, ist, dass die Architektur eine sehr langsame Kunst ist. Wie es Mies van der Rohe gesagt hat: Man kann nicht jeden Montag eine neue Architektur erfinden. Gerade durch die Zäsur, die die Moderne im zwanzigsten Jahrhundert bedeutet hat, diese großflächige Architekturverweigerung, ist jemand, der die Architektur wieder zu sich selbst zurückführt, ein großer Architekt. Vielleicht ist die Ungers'sche Architektur so großräumig angelegt, dass man sie über Ungers hinaus sehen muss.

Das heißt, dass das Urteil über die Bedeutung eines Architekten auch seine Wirkung mit einbeziehen sollte und die Rolle, die seine Schüler spielen?

Fritz Neumeyer: Im Grunde ja. Entscheidend scheint mir dabei, ob jemand in der Lage ist, etwas anzustoßen, was in anderen Generationen eine Fortsetzung findet. Das ist für mich ein Zeichen dafür, dass er mehr zu bieten hat als eine subjektive Interpretation von Architektur. Bei Ungers ist dies eindeutig der Fall.
Natürlich geht es dabei auch um die Frage, inwieweit er durch realisierte Arbeiten einflußreich war auf meine Generation, oder eher durch seine Konzepte und Theorien. Ich glaube, beides war der Fall. Die entscheidende Frage ist doch aber: Inwieweit gelingt es nicht nur einem einzelnen, sondern einer ganzen Generation von Architekten, eine bestimmte Erfahrung zu machen und daraus die Konsequenzen zu ziehen? Ungers gehört zu der Generation von Architekten, die die Postmoderne eingeleitet hat, indem sie die Moderne kritisch hinterfragt und in der Analyse absolut präzise deren Defizite benannt hat. Damit haben sie einer neuen Generation die Augen geöffnet, aber in ihren eigenen Arbeiten sind sie, wie auch Aldo Rossi, nicht über bestimmte Grenzen hinausgekommen. Und ich komme zunehmend zu der Auffassung, dass das nicht leistbar ist innerhalb einer Schaffensphase.

In ihrer Ungers-Monographie schreiben Sie, dass manchmal die auf dem Papier entworfene Welt die Oberhand gewann über die reale ...

Fritz Neumeyer: Also, die Wirkung ist für ihn ein Aspekt des Bauens, der eigentlich kaum thematisiert wird. Ihm kommt es in erster Linie auf die ideelle Kraft an, die konzeptuelle Überzeugungskraft und Qualität. Wenn sie gegeben sind, dann ist im Grunde genommen schon fast alles gemacht. Es ist wie bei einem Musiker, dem es wichtig ist, dass eine bestimmte Komposition existiert, den aber die Aufführung dann nicht mehr so stark interessiert.

Hans Kollhoff: Es war aber nicht immer so, dass er sich in die Traktate der Geometrie versenkt hat und nichts anderes gelten ließ. Es gab Phasen, da war ein magrittescher Surrealismus für ihn der konzeptionelle Hintergrund. Dann gab es Phasen, in denen eine sehr breite, im Wesentlichen aus der Historie geschöpfte Bildwelt die Inspiration für ihn war; dahinter stand ein hoher Grad an Einfühlung in Stadtstrukturen. Das zeugt für mich von einem hohen Maß an Sensibilität, von geradezu körperlicher Sensibilität. Wenn er ein Bild verwendet, ist damit eine Erfahrung verbunden. Er hat die Fähigkeit, sich in diese Bilder zu versenken und daraus eine Kraft zu schöpfen; die Fähigkeit, das Bild vielleicht sogar als Vorbild für eine Architektur zu wählen. Das war prägend für die Phase der späten siebziger Jahre, bevor er hier in Berlin wieder angefangen hat zu bauen.

Wo lagen denn die Gründe für die inhaltlichen und politischen Spannungen, die ihn veranlassten, die Technische Universität Berlin zu verlassen und den Ruf nach Amerika anzunehmen?

Hans Kollhoff: Da schneiden Sie einen konfliktreichen Punkt an. Man muss sehen, dass Ungers, als er Berlin verlassen hat und nach Amerika gegangen ist, hier erst einmal reinen Tisch gemacht hat. Er wollte Abstand gewinnen. Und es lag bei weitem nicht nur an den Reibungen in der Lehre und den Studentenunruhen an der Technischen Universität, dass er das Angebot aus Amerika angenommen hat. Das hatte mit Ungers womöglich gar nicht so viel zu tun. In Amerika aber hat sich für ihn eine Welt von Architektur aufgetan, nach der er sich gesehnt hat. Eine Gegenwelt zu diesen technokratischen und megalomanischen Stadtplanungs- und Architekturphantasien, die hier zu der Zeit betrieben wurden. Die ersten Projekte in Amerika zeugen von dem Versuch, sich mit einem Thema auf möglichst vielen Ebenen gleichzeitig auseinander zu setzen. Damit war ein Sensibilisierungsschub für ihn selbst verbunden.

Wie erlebten Sie Ungers als Lehrer? Kann er andere formale Sprachen gut akzeptieren?

Hans Kollhoff: Ja, das kann er sehr gut. Er ist ein großer Lehrer, er hatte in Berlin eine ganze Reihe von Studenten um sich herum geschart, die sehr begabt waren. Er zog immer Leute an, die selber ein Anliegen hatten, und konnte dieses Anliegen verstärken – und damit hat er wirklich eine Sogwirkung entfaltet.
Er hat in Berlin sehr schnell gesehen, dass es eine Gruppe von Leuten gab, die sehr stark von Johannes Uhl beeinflusst waren. Uhl war zu der Zeit Assistent bei einem anderen Professor. Er entwickelte ungeheure zeichnerische und auch konzeptionell-analytische Fähigkeiten. Und Ungers konnte zurückgreifen auf diese Arbeit, die im Wesentlichen von Uhl vorgearbeitet worden war.

Fritz Neumeyer: Colin Rowe, den Ungers 1967 zum Kongress „Architekturtheorie" nach Berlin einlud, hat von den Berliner Zeichnern begeistert Notiz genommen. In einem späteren Aufsatz berichtet er von einer Ausstellung mit Zeichnungen von Rainer Jagals, von denen er sagt – wenn ich mich recht entsinne –, dass sie wie Piranesi-Zeichnungen auf ihn gewirkt hätten.

Hans Kollhoff: Johannes Uhl war derjenige, der dieses Zeichnen kultiviert hat und die Studenten haben das begierig aufgegriffen. Ungers war derjenige, der in diese Lockerheit des Zeichnens Konzepte hineingebracht hat. Die Studenten haben sofort gemerkt, dass das eine andere ‚Schreikraft' hat. Und dann begann Ungers, die Wochenaufgaben zu kultivieren: kleine Aufgaben, die konzeptuell sehr präzise formuliert waren. Damit hat er eine Welt nicht nur der Zeichnung, sondern auch des architektonischen Denkens eröffnet, die einzigartig ist bis heute.
Ich mache in meiner Lehre auch ständig diese Wochenaufgaben. Ein sehr nützliches didaktisches Instrument. Aber die frühe Zeit mit Ungers und Uhl war doch wirklich eine außergewöhnliche Phase, das war, so muss man es sehen, ein Glücksmoment für die Lehre an der TU Berlin.

Rainer Haubrich: Ich beharre ein bisschen auf der Lebensnähe, die ja auch alle Architekten nach der Wende eingefordert haben, und höre fasziniert zu, welche offensichtlich ganz neuen Perspektiven Ungers auch in der Lehre erschlossen hat. Trotzdem: Wenn man den Ertrag misst, wenn wir uns zusammen vor Häuser stellen, die er danach oder in der Zeit gebaut hat, fühle ich mich in meiner These bestätigt, im Grunde auch in einem verbreiteten Vorurteil gegenüber Architekten, dass Theorie und Lebenspraxis – speziell in der Zeit – weit auseinander gehen.

Hans Kollhoff: Wir dürfen die Zeiten nicht durcheinander bringen, Herr Haubrich. Wir haben es hier mit zwei unterschiedlichen Phasen in Ungers' Arbeit zu tun. Ich glaube, dass er während seiner Amerika-Phase Abstand zu seiner ersten Berliner Zeit gewonnen hat.
Die Faszination an der seriellen Bauproduktion, an Großformen, die war für ihn nach Amerika ad acta gelegt. Stattdessen kamen die Bilder hoch und er kam damit nach Deutschland zurück. Ich erinnere mich an eine frühe Veröffentlichungen in der ‚Bauwelt'. Die war für mich der Grund, zu Ungers nach Amerika zu gehen.
Ich glaube, es ist wichtig zu verstehen, dass Ungers tatsächlich der

Auslöser eines Selbstzweifels in Deutschland war. Es war hier wirklich eine Diaspora der Architektur. Und wenn ich sage Diaspora, dann gibt das eine Idee von dem Ausmaß, in dem hier negiert wurde, was sich andernorts entwickelte – weil man mit dem Wiederaufbau beschäftigt war, weil man mit den Trabantenstädten beschäftigt war.

Kann man sagen, Ungers hat die Moderne auf eine Weise neu erfunden?

Fritz Neumeyer: So weit würde ich nicht gehen. Aber er hat diese Selbstgefälligkeit beendet, mit der man in Deutschland bis in die Achtziger an einer plattgetretenen, technokratischen Moderne festgehalten hat. Das hat er hinterfragt und dafür hat er Prügel bezogen. Die Konfrontation dieser hermetischen deutschen Situation mit dem Denken in Bildern, in Metaphern, mit dem Rückgriff auf die Überlieferung – das war ausgesprochen provokant. Ich glaube, da hat Ungers tatsächlich eine ungeheure Wirkung gehabt. Und Heinrich Klotz konnte in der Folge daran anknüpfen. Ohne Ungers in Amerika wäre das nicht möglich gewesen.

Mit dem Ergebnis seiner ersten Berliner Planungen war er offenbar selbst nicht ganz glücklich – ist er auf hohem Niveau gescheitert?

Hans Kollhoff: Wenn man so will, ja. Er kam aus Amerika zurück und sagte: So, jetzt habe ich endlich die Gelegenheit zu bauen! Und er war darüber mit Sicherheit sehr glücklich. Ungers ist ja in den Momenten, wo sich diese Sehnsucht nach Architektur zu erfüllen verspricht, von einer kindlichen Freude gepackt.
Er hatte nun zehn Jahre lang eine neue architektonische Welt für sich entdeckt – eine Architektur, die einen Grad an Komplexität hatte und gleichzeitig ein Präzisionsgrad, der mit der Realität überhaupt nicht mehr in Einklang zu bringen war, schon gar nicht mit der schäbigen Realität des damaligen öffentlich geförderten Wohnungsbaus.
Ich kann mich erinnern: Da hatte es gar keinen Sinn, bestimmte Dinge zu zeichnen, denn die Heizkörper für ein Haus waren längst gekauft, vielleicht auch die Fenster. Trotzdem kann man an dem Haus in der Schillerstraße, seinem ersten Berliner Projekt nach Amerika, alles ablesen, was er wollte.
Ich habe ja wenig später selbst angefangen zu bauen. Aufbauend auf Ungers' schlechten Erfahrungen haben wir versucht, das angestrebte morphologische Spektrum trotzdem durchzusetzen.

Weshalb gewann in seiner Arbeit in dieser Phase die Neigung zu geometrischer Abstraktion die Oberhand?

Fritz Neumeyer: In gewisser Weise glaube ich, dass sein zunehmendes Interesse an diesen ganz klaren Strukturen und die wachsende Bedeutung des Quadrates damit zusammenhängt, dass er relativ schnell gemerkt hat, dass sich die Komplexität dieses morphologischen Denkens in der Wirklichkeit nicht durchsetzen lässt.

Dann war die Hinwendung zum Quadrat in gewisser Weise der Rückzug auf eine konzeptionelle Basis, das Minimale als Ideal?

Hans Kollhoff: Auf ein Minimum, von dem er sagt, dass er es qualitativ noch kontrollieren könne. Durch die Beschränkung auf ein Repertoire aus wenigen Formen wollte er vermeiden, wieder in die Situation zu kommen, faule Kompromisse machen zu müssen, wie an der Schillerstraße.

Rainer Haubrich: Aber links und rechts stehen doch Gebäude, die unter den gleichen Bedingungen zur gleichen Zeit entstanden sind. Da kann man Ungers' geometrische Rigorosität doch nur aus dem Wunsch erklären, ein intellektuelles Konzept so umzusetzen, dass es für alle erkennbar ist. Das Quadrat als Signet, das man wie eine Monstranz vor sich herträgt.

Hans Kollhoff

Rainer Haubrich, Fritz Neumeyer, Hans Kollhoff (v. l. n. r.).

Seine Kritiker sagen, Ungers fehle der Mut, das Wagnis eines Entwurfs ohne das Korsett eines eindeutigen geometrischen Gerüsts einzugehen ...

Hans Kollhoff: Mit Mutlosigkeit hat das nichts zu tun. Er sucht bei jeder Bauaufgabe aufs Neue die Essenz, das ästhetisch notwendige Minimum an Formen. Die Konsequenz, und darin liegt die Gefahr, ist dann oft, dass die Architektur eine platonisch-geometrische zu werden droht. Um das zu verstehen, muss man eines berücksichtigen: Ungers lebt in der Vorstellung, der moderne Architekt ist der große Vereinfacher. Ich habe ihm schon vor zehn Jahren gesagt: ‚Mathias, du redest von abschleifen und abschleifen, da ist nichts mehr abzuschleifen.' Man konnte schon lange nichts mehr abschleifen, aber er schleift immer noch ab. Zumindest wenn er darüber spricht.

Rainer Haubrich: Er würde sagen, der größte Mut bestehe darin, so konsequent wie er einem Konzept treu zu bleiben und es bis zum Ende zu verfolgen. Und darin sehe ich gerade die Lebensferne seiner Gebäude.

Fritz Neumeyer: Für sein Festhalten an der Geometrie gibt es komplexe Erklärungsmuster. Ungers nimmt es aus seinem idealistisch-platonischen Verständnis heraus bewusst in Kauf, dass ein Gebäude nicht widerspruchsfrei im Leben aufgeht. Das ist ein Teil seiner antifunktionalistischen Haltung. Eine Konsequenz aus seiner Kritik am funktionalistischen Architekturverständnis ist, auf einer höheren Vorstellung von einem Bauwerk zu beharren, die sich eben nicht in seinem Zweck und dem ganzen Nutzungsgeschäft erschöpft. Ungers' Beitrag zum Aufbrechen dieser technokratischen Architekturpraxis ist ja der, dass Architektur eine Kunst ist – und damit Anspruch auf ein von der Nutzung losgelöstes Eigenleben hat. Das erklärt auch seine Affinität zur modernen Kunst. Im Übrigen hat die architektonische Geometrie – im Sinne einer pittura metaphysica – auch eine poetische Dimension. Das Einfache birgt das Komplexe. Und er zitiert sehr gerne diesen schönen Satz von Paul Valery: „Nichts ist geheimnisvoller als die Klarheit."

Eine Gefahr für die Kreativität des Architekten ist, dass er seine eigene Haltung an die Stelle von Neugier und Tüfteln setzt und sagt: Man kann eine bestimmte Aufgabe nur so und so lösen, weil ich das einmal so geschrieben habe.

Hans Kollhoff: Das war bei Ungers nie der Fall.

Fritz Neumeyer: Er fordert von sich selbst, immer weiter zu gehen, ist bis heute neugierig geblieben.

Ungers hat in seiner Architekturlehre Wert darauf gelegt, Architektur im städtischen Kontext zu denken, ihr Umfeld zu beachten. Anderseits bleiben seine Häuser stark auf ihre innere Logik bezogen, sind oft introvertiert. Ein Widerspruch?

Fritz Neumeyer: Nur auf den ersten Blick. Nehmen Sie das Beispiel der Villa und ihren Bezug zur Natur. Dieses Eingebettetsein in die Natur besteht nicht zwangsläufig darin, den Garten baulich zu umarmen. Wie Palladio gezeigt hat, kann man den Bezug zum Garten auch durch eine ganz einfache kubische Form herstellen.
Man kann Ungers' damalige Idee vom Städtebau nicht ohne weiteres mit dem vergleichen, was wir heute darunter verstehen. Ihm ging es um eine architektonische Rekonstruktion des Urbanen. Bei ihm kommen die Analogien, die an die Architektur herangetragen werden, wieder aus den Typologien der Stadt selbst. Ein Haus muss nicht länger Maschine sein wie bei Le Corbusier, sondern es erscheint jetzt selbst als eine kleine Stadt in der Stadt.

Hans Kollhoff: Ja, aber eben nicht in der Begrenztheit wie zur gleichen Zeit in Italien, wo Aldo Rossi glaubte, er könne durch die Wiederbelebung städtischer Typologien, durch Kolonnaden Amphitheater und Tore auch Stadt neu herstellen. Das war ja ein Trugschluss.

In den Vereinigten Staaten hatte man deutsche Architektur bis dahin doch vor allem mit Gropius, Mies und Co.

OSWALD MATHIAS UNGERS

12.07.1926	geboren in Kaisersesch/Eifel
1947	Abitur
1947–1950	Architekturstudium an der TH Karlsruhe, Diplom bei Egon Eiermann
1950	Eröffnung eines Architekturbüros in Köln und Berlin
1963	Berufung als Ordinarius an die TU Berlin
1965/1967	Visiting Critic an der Cornell University, Ithaca
1965–1967	Dekan der Fakultät für Architektur an der TU Berlin
1969–1975	Professor of Architecture an der Cornell University, Ithaca
1970	Licensed Architect in New York State
1973/1978	Professor of Architecture an der Harvard University
1974/1975	Professor of Architecture an der University of California, Los Angeles
1975–1986	Professor of Architecture (Chairman), Cornell University, Ithaca (emeritiert)
1979/1980	Professor für Architektur an der Hochschule für Angewandte Kunst in Wien
1986–1990	Professor für Architektur an der Kunstakademie Düsseldorf (em.)

1971	Member American Institute of Architects AIA
1988	Ehrenmitglied Bund Deutscher Architekten BDA Berlin
1982	Mitglied Accademia di San Luca Rom
1987	Mitglied Akademie der Wissenschaften zu Berlin
1987	Großer BDA-Preis
1992	Member of The Moscow Branch of the International Academy of Architects
1997	Großes Verdienstkreuz des Verdienstordens der Bundesrepublik Deutschland
1999	Dr.-Ing. E.h. der TU Berlin
2000	Mitglied Akademie der Künste zu Berlin
2002	Goethe-Plakette, Frankfurt am Main
2002	Ehrenmitglied der Akademie der Künste, Hamburg

BAUWERKE (AUSWAHL)

1953–1958	Oberhausen Institut
1958–1959	Wohn- und Bürohaus Belvederestraße, Köln-Müngersdorf
1967–1969	Wehrstraße, Oberhausen
1979–1983	Wohnbebauung Lützowplatz, Berlin
1979–1984	Deutsches Architekturmuseum, Frankfurt am Main
1980–1983	Messehalle 9 und Galleria, Frankfurt
1980–1984	Alfred-Wegener-Institut für Polar- und Meeresforschung, Bremerhaven
1980–1992	Badische Landesbibliothek, Karlsruhe
1983–1984	Torhaus, Frankfurt am Main
1985–1997	Erweiterung Bundesgerichtshof und Bundesanwaltschaft Karlsruhe
1986–1996	Museumsinsel Hamburg
1987–1989	Wohnhaus Köthener Straße/Bernburger Straße, Berlin
1988–1991	Bayerische Hypotheken- und Wechselbank, Düsseldorf
1988–1992	Bremer Institut für Betriebstechnik und angewandte Arbeitswissenschaft
1988	Galeriehaus mit Wohnungen, Venloer Straße, Köln
1988	Heizkraftwerk GEW, Köln-Merheim
1988–1998	Thermenmuseum Trier
1988–1994	Residenz Deutsche Botschaft Washington
1989–1995	Familiengericht Berlin-Kreuzberg
1989–1990	Bibliothek KUBUS, Quadrather Straße, Köln
1990–1999	Messe Berlin
1990–1994	Verband Kommunaler Unternehmen, Köln
1991–1994	Johannishaus, Köln
1991–1995	Friedrichstadt-Passage Block 205, Berlin
1993–1996	Basler Lebensversicherung, Köln
1995–2001	Kunstpalast Düsseldorf
1996–2000	Wallraf-Richartz Museum, Köln
1998–2002	Dorotheenhöfe, Berlin
1998–2003	Zentrum für Informations- und Medientechnologie, Bremen
2000–2010	Pergamonmuseum, Berlin
2003–2004	Contrescarpe-Center, Bremen

AUSSTELLUNGEN (AUSWAHL)

1980	Biennale Venedig
1984	XVII. Triennale di Milano "Le Affinitá Elettive"
1985	Kölnischer Kunstverein
1987	Triennale di Milano "The imagined cities: An Italian voyage. Nine projects for nine cities"
1987	documenta 8
1988	Internationale Bauausstellung Tokyo
1990	O.M. Ungers – Kubus – Galerie Max Hetzler Köln
1991	Biennale Venedig
1994	O.M. Ungers – Architekt – Kunsthalle Hamburg
1999	Zwischenräume. Kunsthalle Düsseldorf
1999	Zeiträume – Architektur – Kontext, Josef-Haubrich Kunsthalle Köln

RAINER HAUBRICH

Geboren 1965 in Mülheim/Ruhr. Studium der Geschichte, Kunstgeschichte und Politikwissenschaften. Seit 1990 freiberuflicher Journalist in Berlin mit dem Schwerpunkt Architektur und Städtebau. 1996 Deutsch-Französischer Journalistenpreis. Seit 1998 Architekturredakteur im Feuilleton der Zeitung „Die Welt". Mehrere Buchveröffentlichungen. Mitglied des Landesdenkmalrats Berlin.

JOSEF PAUL KLEIHUES

Geboren 1933 in Rheine/Westfalen. Prof. Dipl.-Ing. Architekt. 1955–59 Studium der Architektur in Stuttgart und Berlin (Technische Universität). Seit 1962 eigenes Architekturbüro in Berlin, ab 1973 Zweitbüro in Dülmen-Rorup. 1974–1979 Initiator der Dortmunder Architekturtage. 1979–87 Planungsdirektor für die Neubaugebiete der Internationalen Bauausstellung (IBA) Berlin. Umfangreiche Bautätigkeit mit Schwerpunkt Berlin. Initiator mehrerer Ausstellungen, u.a. Stadt der Architektur – Berlin 1900–2000. 2001: Mitbegründer des Vereins „Bauakademie Berlin".

HANS KOLLHOFF

Geboren 1946 in Lobenstein, Thüringen. Architekturstudium an der Universität Karlsruhe. 1975–1978 Lehre an der Cornell University, New York, als Assistent von O.M. Ungers. Ab 1978 eigenes Büro in Berlin, seit 1984 in Partnerschaft mit Helga Timmermann. Ab 1983 Gastprofessuren, u.a. an der Universität Dortmund. Europaweite Bautätigkeit. Seit 1990 Professor für Architektur und Konstruktion an der Eidgenössischen Technischen Hochschule Zürich. Büroniederlassungen in Rotkreuz/Schweiz und in Rotterdam.

FRITZ NEUMEYER

Geboren 1946 in Wolfsburg. Dr. Ing. Architekt, Professor an den Universitäten Dortmund und Princeton, seit 1992 Professor für Architekturtheorie an der Technischen Universität Berlin. Gastprofessuren u.a. in Santa Monica und Harvard. Zahlreiche Veröffentlichungen zur Theorie und Geschichte der Architektur insbesondere des 19. und 20. Jahrhunderts, unter anderem zur Architektur von Mies van der Rohe und Oswald Mathias Ungers. Jüngste Veröffentlichungen: Der Klang der Steine – Nietzsches Architekturen, Berlin 2001. Quellentexte zur Architekturtheorie, München 2002.

DER AUTOR UND HERAUSGEBER FRANK PETER JÄGER

1969 in Köln geboren. Studium der Stadtplanung und Architektur in Berlin und Venedig. Nach Volontariat bei der „Märkischen Allgemeinen" in Potsdam tätig als Autor und Architekturkritiker unter anderem für den „Tagesspiegel", die „Neue Zürcher Zeitung" und die „deutsche bauzeitung"; Buchbeiträge zu Themen aus Architektur und Städtebau.

Lehraufträge zu den Themen Architekturvermittlung und Architekturkritik an der Technischen Fachhochschule Berlin und der Fachhochschule Potsdam.

Lehrender am Studiengang Kulturjournalismus der Universität der Künste Berlin.

Berät Architekten in Fragen der Büroentwicklung und Public Relations.

WEITERFÜHRENDE LITERATUR

ZUM WERK VON OSWALD MATHIAS UNGERS (AUSWAHL):

Barth, Frank / Hamburger Kunsthalle (Hg.): O.M. Ungers – Architekt (Ausstellungskatalog), Stuttgart 1994.
Benevolo, Leonardo: Geschichte der Architektur des 19. und 20. Jahrhunderts, Bd. 2: O.M. Ungers, München 1978.
Deutsches Architekturmuseum (Hg.): Festschrift zur Eröffnung am 1. Juni 1984, Frankfurt/M. 1984.
IBA-Gesellschaft Berlin (Hg.): Idee, Prozess, Ergebnis – Die Reparatur der Stadt, Berlin 1984.
Kieren, Martin: Oswald Mathias Ungers, Zürich 1993.
Klotz, Heinrich: Architektur der zweiten Moderne – ein Essay zur Ankündigung des Neuen, Stuttgart 1999.
Klotz, Heinrich: Architektur in der Bundesrepublik, Berlin 1977.
Klotz, Heinrich: Moderne und Postmoderne – Architektur der Gegenwart 1960–1980, Braunschweig/Wiesbaden 1984.
Klotz, Heinrich: O.M. Ungers Architektur 1951–1984, Braunschweig/Wiesbaden 1985.
Martini, Eberhard (Hg.): Oswald Mathias Ungers – Gerhard Richter – Sol LeWitt (Publikation über die Hypo-Vereinbank in Düsseldorf), München 1991.
Sieber-Albers, Anja / Kieren, Martin: Sichtweisen – Betrachtungen zum Werk von O.M. Ungers, Braunschweig / Wiesbaden 1999 (aus Anlass von Ungers' 70. Geburtstag).
Sieber-Albers, Anja / Ungers, Sophia (Hg.): Wallraf-Richartz-Museum – Der Neubau, Köln 2001.
Staatliche Hochbauverwaltung (Hg.): Die Badische Landesbibliothek in Karlsruhe, Ostfildern 1992.
Stadt Frankfurt (Hg.): Jahrbuch für Architektur 1984, Frankfurt/M. 1984.

VON OSWALD MATHIAS UNGERS (AUSWAHL):

Die Gläserne Kette – Visionäre Architekturen aus dem Kreis um Bruno Taut 1919-20 (Ausstellungskatalog, mit Udo Kultermann), Leverkusen 1963.
Die Erscheinungsformen des Expressionismus in der Architektur, Köln 1963.
The Urban Villa (mit Hans Kollhoff und Arthur Ovaska), Köln 1977.
The Urban Block, Köln 1978.
The Urban Garden – Student Projects for the Südliche Friedrichstadt Berlin (mit Hans Kollhoff und Arthur Ovaska), Köln 1979.
Morphologie – City Metaphors, Köln 1982.
Über das Recht der Architektur auf eine autonome Sprache, in: Jürgen Joedicke und Egon Schimbeck (Hg.): Architektur der Zukunft/Zukunft der Architektur, Stuttgart 1982.
Die Thematisierung der Architektur, Stuttgart 1983.
Sieben Variationen des Raumes, Braunschweig/Wiesbaden 1985.
Quadratische Häuser, Stuttgart 1986.
O.M. Ungers Architektur 1951–1990 (Mit einem Beitrag von Fritz Neumeyer), Stuttgart 1991.
Deutsche Botschaft in Washington, Ostfildern 1995.
O.M. Ungers Architektur 1991–1998, Stuttgart 1999.
Zwischenräume (Ausstellungskatalog), Ostfildern 1999.

ABBILDUNGEN

Archiv Architekturbüro Oswald Mathias Ungers: S. 23, 24, 25(m,r), 26(r), 27, 37, 38, 49
Archiv des Verfassers: S. 18(l), 18(m), 39(l), 47
Archiv des Verlages: S. 10, 12,
Arend, Robert (Berlin): S. 42/43
Friedrich, Brigitte (Köln): S. 34, 40(l), 76, 80
Haddenhorst, Michael (Berlin): S. 4/5, 11, 44, 46, 47, 51, 52, 53, 55, 56, 58/59, 60, 61, 63, 64/65, 66, 67
Jäger, Frank Peter (Berlin): S. 29(m,r), 30(l,r), 39(r), 40(r)
Landesdenkmalamt Berlin: S. 14(l)
Müller, Stefan (Berlin): S. 41, 54, 57, 62, Umschlag
Ouwerkerk, Erik-Jan (Berlin): S. 13, 14(r), 15, 16, 17, 18(r), 19, 20, 25(l), 26(l), 28, 29(l), 30(m), 31, 32, 33, 77
Stiftung Preußischer Kulturbesitz, Kartenarchiv: S. 48/49
VG Bild-Kunst, Bonn 2003: S. 36
Winkler, Ulli (Berlin): S. 68-75

Großer Dank gebührt Herrn Matthias Hühne, der dieses Buch durch sein persönliches und uneigennütziges Engagement möglich gemacht hat.
Die Arbeit mit den Fotografen war von einem engen Dialog bestimmt, besondere Anerkennung verdient das Engagement von Herrn Michael Haddenhorst. Professor Karl-Heinz Winkens leistete durch seine detaillierten Kenntnisse der jüngeren Projekte von O.M. Ungers wertvolle Unterstützung, ebenso wie Frau Anja Sieber-Albers. Frau Nora Brügel verwandelte ein Gespräch über Oswald Mathias Ungers mit großer Sorgfalt in die Schriftform. Frau Susanne Rexroth stand dem Verfasser mit kritischen Anregungen und praktischer Hilfe zur Seite.

Das Titelbild zeigt die Lobby des Hauses Georgenstraße 22.

Übersetzung "Summary": Matthew Rubenstein

Gestaltung: Susanne Rösler

Lithographie: Galrev Druck- und Verlagsgesellschaft, Berlin

Druck und Bindung: OAN Offizin Andersen Nexö Leipzig, Zwenkau

jovis Verlag GmbH
Kurfürstenstraße 15/16
10785 Berlin

www.jovis.de

ISBN 3-936314-18-7